エクセルだけで手軽に楽しむ プログラミング超入門

金宏和實 著

日経BP社

はじめに
〜 Excel（エクセル）で手軽に取り組んでみよう〜

　身の回りにある数多くの製品がデジタル化され、プログラムで動いています。ほんの一例ですが、なにかしらの形でプログラムが動いている製品には、スマートフォン、自動車、ドローン（小型無人機）、テレビ、デジタルサイネージ（電子看板）、エアコン、監視カメラなどがあります。数千円で買える小さなコンピュータや、タブレット端末でも、プログラムが作れるようになり、プログラムがますます身近になりました。小中学校でのプログラミング教育も本格化しようとしています。

　そのため、プログラムとはどういうものだろう、自分にも作れるだろうか、と興味を持たれる方が増えているようです。でも、実際にプログラムを作ろうとすると、言い換えるとプログラミングを始めようとすると、プログラム開発環境のインストールや設定がうまくいかなくて、くじけてしまう場合が多いようです。インストールや設定の操作手順が多く、なかなかプログラミングの準備完了までたどり着くのが困難なのです。

Excelだけあれば OK ！
　そこで、この本では、Windowsパソコンにプリインストール（最初から入っている）されていることの多い表計算ソフトのExcel（エクセル）を使います。
　「Excelは、売上とか家計の集計に使うんじゃないの？」と思われたかも知れません。もちろんExcelは、そのような表計算ソフト本来の用途で広く使われています。ですが、Excelはまた、これから説明するExcel VBAというりっぱなプログラミング言語と開発環境を備えており、これを使えば思い通りに動くプログラムをExcel上に作ることが可能です。あらためてプログラム開発環境を導入しなくても、Excelさえあればプログラミングを学び、楽しむことができるのです。

プログラムとは何だろう？

VBAという用語（略語）について説明するには、「プログラムとは何か」からはじめないといけませんね。**プログラムとは、コンピュータに何かをしてもらうための手順書**です。そして、プログラムを作成することを、プログラミングといいます。

「何かをしてもらう」といいましたが、何かとは、プログラムを作るときの**目的**や**課題**です。たとえば、「部品Zを作る」という目的があったとします。その場合の手順書、言い換えればプログラムは次のようになります。

> **部品Zを作る手順書**
> 1. 部品Aと部品Bをねじaで止めます。
> 2. 1で作ったものに部品Cをはめます。
> 3. 部品Dと部品Eをねじbで止めます。
>   ⋮
> n. 部品Xと部品Yをねじzで止めて、部品Zにします。

Excel VBAでプログラムを作ろう！

VBA（ブイビーエー）は、Visual Basic for Applicationsの略です。Visual Basic（ビジュアルベーシック）とは、Microsoft社のプログラミング言語です。プログラミング言語とはプログラムを作るための言葉です。自然言語に日本語、英語、フランス語といくつもの種類があるように、いろいろなプログラミング言語があります。CやJava、JavaScript、Pythonなどが有名ですね。プログラムを作る人（プログラマ）は目的や課題によって、プログラミング言語を使い分けます。職人さんが、道具を選ぶのと同じですね。

VBAという略語に含まれるApplications（アプリケーション）とは何でしょう。コンピュータのソフトウェアにはOS（オペレーティングシステム：基本ソフト）とアプリケーションソフト（応用ソフト）があります。Windows 10のようにそれがないとコンピュータが動かないソフトウェア

がOSです。アプリケーションソフトは、OS上で動く特定の目的を持ったソフトウェアです。たとえば、表計算ソフト、画像編集ソフト、給与計算ソフトなどがアプリケーションソフトです。同様に、**Excel VBAで作ったプログラムは、Excel上で動きます**。主にExcelでの処理を自動化する目的で使われます。

　以上をまとめるとExcel VBAは、「Excelというアプリケーション上で動くプログラムを作って処理を自動するための、Visual Basicによく似たプログラミング言語」です。

　ちなみにVBAは、VBE（Visual Basic Editor）というエディターを使って書きます。VBEもExcelに含まれています。Excelの機能であるVBEを使ってプログラムを作成、編集、保存できます。VBEはさらに、プログラムの部分的な実行や計算結果の表示をはじめとした、プログラミングに役立つ機能を備えています。ちょっとむずかしくなりましたが、具体的には第1章から、実際に動かしながら学んでいきましょう。

　このようにExcelであれば、面倒な準備なしにすぐにプログラミングの楽しさを手軽に味わえるのです。では、**プログラミングの楽しさとは何でしょうか？**

　ひとつは、手順書を作るときに、**筋道を立てて考えるおもしろさ**です。最近では、論理的思考力などといわれたりもしますが、囲碁や将棋をしたり、パズルを解くようなおもしろさに似ています。もうひとつは、**自分の考えた通りに動く気持ちよさ**です。作ったプログラムが思い通りに動く。これだけで快感が得られるでしょう。

　こうしたおもしろさ、気持ちよさを味わいながら、プログラミングとはどういうものなのか、何ができて、何がむずかしいのかを、本書を通じて楽しく体験して、理解していきましょう。

作例のダウンロードについて

　本書の作例（マクロ有効ブック）およびリストのテキストファイル（ソースコード）は、本書のウェブページからダウンロード可能です。
　以下のウェブページにアクセスしてアーカイブファイルをダウンロードしてください。

http://ec.nikkeibp.co.jp/item/books/B35900.html

推奨環境

本書の手順および作例は、以下の環境で動作確認しています。

- Excel 2016 、Excel 2013
  （Excel 2010 でもほとんど同じ。ごく一部の手順だけが異なります）
- Windows 10、Windows 8.1、Windows 7

Contents

はじめに 2

第1部 プログラムの作り方を学ぼう　9

第1章 プログラミングをはじめよう
開発環境でコードを書く　10

VBEの使い方 11

第2章 掛け算の九九表を表示しよう
プログラムの作り方を知る　24

ワークシートやセルを扱う方法 24
オブジェクト指向プログラミング 26

九九の表を作る 30
構造化プログラミング 34

第3章 電子サイコロを作ろう
乱数とイベント駆動　42

ワークシート関数でサイコロを作る 42
プログラムでサイコロを作る 45
Timer関数を使う 51
Do Loop（Do While、Do Until）による繰り返し処理 52
VBA関数のまとめ 55

第4章 数当てゲームを作ろう
変数の有効範囲と配列　56

- 操作画面を作る　56
- 出題のプログラムを作る　59
- 答え合わせのプログラムを作る　63
- 変数の有効範囲（スコープ）　64
- IF文による条件分岐　67

配列を使ってゲームを発展させる　68

- Select Case文による条件分岐　74
- 共通部分をプロシージャーにする　75
- ユーザー定義関数を作る　76
- ワークブックやワークシートのイベントを使った初期化　78

第2部 役立つプログラムを作ってみよう　81

第5章 あみだくじを作ろう
エラー処理とさまざまな演算子　82

- どんなあみだくじを作るのか　82
- On Errorステートメントでエラー処理をする　84
- 論理演算子 Or　88
- あみだくじを描く　88
- On Error Resume Nextを使う　91
- あみだくじをたどる処理　95
- 初期化処理をサブプロシージャーにして　98
  ワークブック・オープン時に呼び出す

第6章 百マス計算を作ろう
ユーザーフォームとワークシート関数　100

- プログラム設計 …… 100
- 画面レイアウトを検討しながら仕様を策定 …… 101
- ユーザーフォームを作る …… 103
- Callステートメント …… 111
- 出題をするsetQuestionサブプロシージャー …… 113
- オブジェクト変数 …… 115
- ウォッチ式で2次元配列の中身を確認する …… 117
- 答え合わせ処理を作る …… 123
- ボタン2_Clickのコード …… 125

レビューする …… 129

- ワークシート関数Rankを使って出題を重複しないようにする …… 130

第7章 万年カレンダーを作ろう
自分で考えてコードを書く　134

- 万年カレンダーの仕様を考える …… 134
- 画面の構成を考える …… 136
- テキストボックス、リストボックスとコンボボックスの違い …… 139
- プログラムを考える …… 142
- プロシージャーの関係図 …… 144
- 最後に …… 155

- よく使うデータ型の一覧 …… 156
- よく使う演算子の一覧 …… 157
- よく使うワークシート関数の一覧 …… 158
- よく使うVBA関数の一覧 …… 158

第 1 部

プログラムの作り方を学ぼう

第 1 章
プログラミングを
はじめよう

開発環境でコードを書く

本章では、プログラム開発環境であるVBE（Visual Basic Editor）の使い方を説明します。使い方を学びながらVBEでプログラムを作成してみましょう。

　「はじめに」で、**プログラムとは手順書である**と説明しました。人間に何かをしてもらうための手順書とコンピュータのための手順書であるプログラムとの違いは何でしょうか。

　プログラムは、人間に対する手順書とは違い、こと細かに書かなければいけません。また、あいまいさを含んではいけません。

　たとえば、カレーの作り方を人間向けの手順書にしてみましょう。

1. じゃがいもの皮をむき、一口大に切りましょう。
2. 人参の皮をむき、乱切りにしましょう。
3. たまねぎの皮をむき、薄く切りましょう。
4. たまねぎを焦がさないように、あめ色になるまで炒めましょう。
   ⋮
n. 材料が柔らかくなったら、火を止めてルーを加えましょう。

　料理の経験のある人なら初めてカレーを作るとしても、この程度の説明で調理を始めることができることでしょう。しかし、コンピュータ向けのプログラムはもっと細かく丁寧に書かなくてはいけません。

　たとえば、じゃがいもに泥がついていれば、人間なら、まず洗ってから皮をむきます。しかし、コンピュータは人間にとって当たり前のことがわかりません。そこで、じゃがいもと人参は洗いなさいという前準備が必要

になります。この前準備のことをプログラミングの世界では**初期化**と呼んだりします。

　次に皮をむくのですが、人間ならピーラー（皮むき器）でむくか包丁でむくかは、得意な方を選択するでしょう。しかし、コンピュータの世界では、ピーラーでむくか包丁でむくかを指示してあげないといけません。

　人間なら包丁でじゃがいもをむいてみて、どうもうまくいかないなと感じたら、ピーラーを探してピーラーでむいたりするでしょう。人参は包丁でいいやというように、食材に応じて都合のよい方法を選択できます。

　しかし、コンピュータの場合、たとえ苦手な方法であっても、指示通りの方法でやり続けてしまいます。ゴツゴツしているじゃがいもでも、包丁でむけといわれたら、ピーラーを使わず、むきにくい包丁で作業を続けてしまいます。

　ですから、**プログラムを作る人間の責任は大きい**のです。非効率的なプログラムでもコンピュータはひたすら実行してしまいます。プログラムは効率よく作らなければなりません。

　また、一口大に切りましょうとか薄く切るといった表現は、あいまいさを含んでいます。一口大とは縦横それぞれ何センチぐらいなのか、薄くとは何ミリ以下に切ればよいのかなどをきちんと指示してあげないといけません。**プログラムの場合は厳密に指示してやる必要がある**のです。

VBEの使い方

　Excelでプログラムを作成する準備をはじめましょう。Excelを起動したときに、次ページの画像のように開発メニュー（タブ）が表示されていない状態では、プログラムを作成することができません。

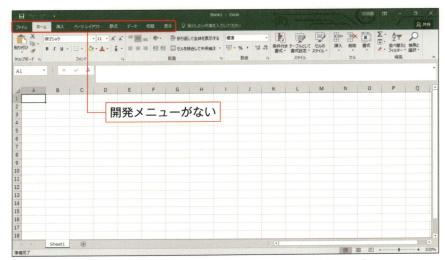

画像 1-1 ▍ Excelを起動した状態。開発メニューが表示されていない

　このような場合は、ファイルメニューからオプションを選び、リボンのユーザー設定でメインタブの開発にチェックを付けます。

画像 1-2 ▍ ファイルメニューからオプションを選ぶ

画像 1-3 リボンのユーザー設定で開発にチェックが付いていない状態。開発にチェックを付けて OK を押す

　開発にチェックを付け、OK ボタンをクリックして閉じると、開発タブが表示されます。

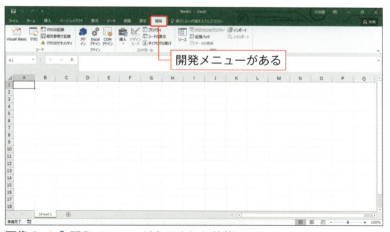

画像 1-4 開発メニューが表示された状態

さっそくプログラムを書いてみましょう。作成するプログラムの一行一行を、あるいは全体を**コード**（code）と呼びます。また、多くのプログラマは、紙にコードを書くわけではないのに、プログラムを入力していくことを**コードを書く**と言います。
　開発メニューからVisual BasicアイコンをクリックするとVBE（Visual Basic Editor）の画面が表示されます。

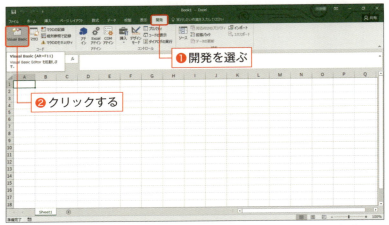

画像 1-5 ｜ 開発メニューからVisual Basicアイコンをクリックする

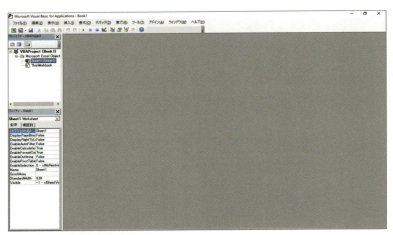

画像 1-6 ｜ VBEの画面

コードは**モジュール**に書きます。モジュールはコードを書く紙であると理解してください。

Excelには**表1-1**のように5種類のモジュールがあります。

表1-1 ▎モジュールの種類

モジュールの種類	何を書くか
シートモジュール	シートのイベント処理を書く
ブックモジュール	ワークブックのイベント処理を書く
フォームモジュール	ユーザーフォームのイベント処理を書く
標準モジュール	普通の処理を書く
クラスモジュール	クラスを作成する

シートモジュールには、シートの**イベント処理**を書きます。イベント処理とは、何かイベント（出来事）が起こったときに行う処理です。以下ではまず、どんなモジュールがあるかを見てみましょう。

VBEの左側のプロジェクトエクスプローラに表示されているシート（Sheet1）をダブルクリックすると、シートモジュールが開き、コードを入力できるようになります。

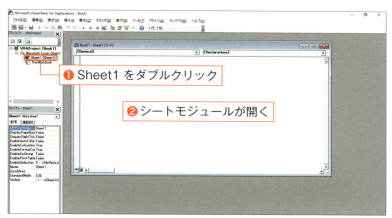

画像1-7 ▎シートモジュールが開いた

シートの下にあるブック（ThisWorkbook）をダブルクリックすると、ブックモジュールが開き、ブックのイベント処理を記述することができます。

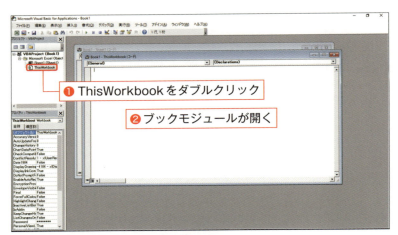

画像1-8 | ブックモジュールが開いた

　挿入メニューからはユーザーフォームと標準モジュール、クラスモジュールを追加することができます。

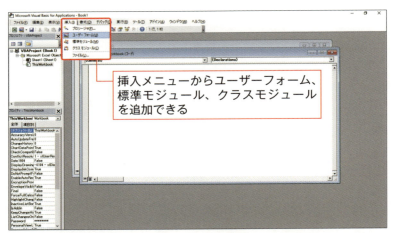

画像1-9 | 挿入メニューからユーザーフォーム、標準モジュール、クラスモジュールを追加することができる

ユーザーフォームに関するコードはフォームモジュールに書きます。クラスを作成する場合はクラスモジュールに記述します。ユーザーフォームやクラスについては後ろの章で説明しますので、今は気にしないでください。

　これら以外の一般的な処理は標準モジュールに記述します。標準モジュールを挿入して、「はじめてのプログラミング」と表示するプログラムを書いてみましょう。

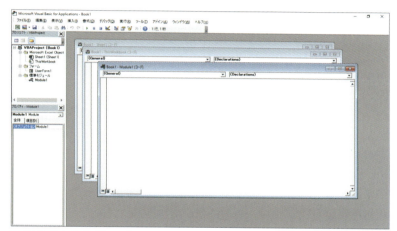

画像 1-10 ▎標準モジュールModule1 が追加された

　文字列を表示するには、MsgBox関数を使います。MsgBox ("はじめてのプログラミング")と入力すれば表示できるのですが、その前に**プロシージャー**を作成しなくてはなりません。モジュールは複数のプロシージャーで構成されます。プロシージャーはなるべく短いコードのかたまりとして作成します。

　カレーのたとえで言うと、ひとつのプロシージャーの中に、

「じゃがいもの皮をむき、2cm角に切る」

「人参の皮をむき、乱切りにする」

「たまねぎの皮をむき、薄く切る」

「たまねぎを焦がさないようにあめ色になるまで炒める」

　　　　　　︙

というようにひとかたまりで書くのではなく、「じゃがいもの皮をむき、2cm角に切る（じゃがいもを切る）」プロシージャー、「人参の皮をむき、乱切りにする（人参を切る）」プロシージャー、「たまねぎの皮をむき、薄く切る（たまねぎを切る）」プロシージャー……というように別々に作ります（図 1-1）。

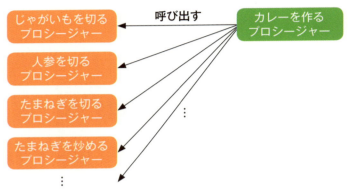

図 1-1 ▎プロシージャーの構成

　それぞれのプロシージャーを順に呼び出していけばカレーができます。このように目的によってプロシージャーを分けて作っておけば、じゃがいも抜きのカレーを作ることが簡単になります。また、プロシージャーを少し追加して構成を変えれば、「シチューを作る」や「肉じゃがを作る」にも簡単に対応できます。

　VBAのプロシージャーには、SubプロシージャーとFunctionプロシージャーがあります（図 1-2）。ここではSubプロシージャーを使います。

図 1-2 ▎モジュールとプロシージャー

Module1にsub testと入力してEnterキーを押してください。

```
Book1 - Module1 (コード)
(General)
    Sub test()
    |
    End Sub
```

画像1-11 ▌Subプロシージャーができた

入力したsub testがSub test()と整形され、Subプロシージャーの終わりを示すEnd Subが追加されました。この間にSubプロシージャーでやりたい処理（実行したいこと）を書いていきます（図1-3）。

```
Subプロシージャー名()
    ・
    ここに処理を書く
    ・
End Sub
```

図1-3 ▌Subプロシージャー

今回はMsgBox ("はじめてのプログラミング")の一行だけを書きましょう。やりたい処理には当然、複数行を書くことができます。

では、Sub test()の次の行に、MsgBox ("はじめてのプログラミング")を入力してください。この際、行頭に半角スペースを4文字入れるようにしてください。これは、プログラムを見やすくするための**インデント**（字下げ）です。Tabキーを1回押すことで、半角スペースを4文字入れることができます（タブ間隔はVBEのメニューからツール、オプション、編集タブを選んで設定できます）。また、()は、半角文字であることに注意してください。文字を表示するときは、"（ダブルクォート）で文字をはさみます。ダブルクォートも()と同様に半角文字です。

```
Sub test()
    MsgBox ("はじめてのプログラミング")
End Sub
```

三角のボタン（Sub/ユーザーフォームの実行）をクリックする、もしくはF5キーを押すことでSubプロシージャーを実行することができます。

画像 1-12 Sub/ユーザーフォームの実行でSubプロシージャーを実行する

　カーソルがそのSubプロシージャーの中にあれば、すぐに実行されます。

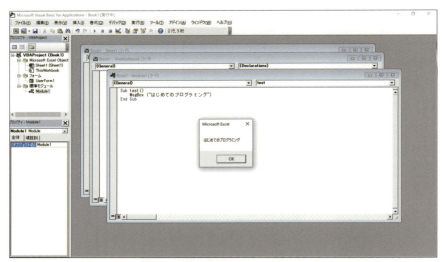

画像 1-13 MsgBox関数が実行されて「はじめてのプログラミング」と表示された

MsgBox関数が実行され、メッセージボックスの中に「はじめてのプログラミング」と表示されました。カーソルがそのSubプロシージャーの中にない場合は、マクロを選択する画面が表示されます。

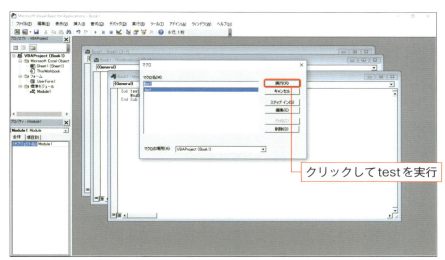

画像 1-14 実行するSubプロシージャーを選択する画面

　この場合のマクロはプログラムと同じだと理解してください。マクロ名として、Subプロシージャーtestを選択して実行します。
　次に、この標準モジュールを含むExcelファイルを保存して、再度開く手順を説明します。まず、VBEについては、右上の閉じる(X)ボタンを押して閉じてください。
　続いて、Excelのファイルを保存します。具体的には、ファイル、上書き保存、もしくは名前を付けて保存を選びます。プログラムコードを含むExcelファイルは、マクロ有効ブック(*.xlsm)として保存します。上書き保存でも、初めて保存するときは、ファイル名とファイルの種類を指定できます。

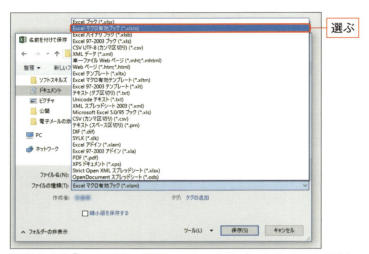

画像 1-15 ファイルの種類でマクロ有効ブック (*.xlsm) を選ぶ

保存したファイルを再び開くと、セキュリティの警告が表示されます。

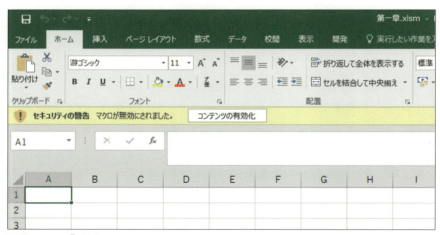

画像 1-16 保存したファイルを開く

　ここでコンテンツの有効化ボタンをクリックすると、コードを実行できます。
　開発メニューからマクロアイコンをクリックすると、マクロの選択画面

が表示されて、Subプロシージャーが実行できます。最初に開いたときにコンテンツの有効化をしておけば、以降はセキュリティの警告は表示されません。

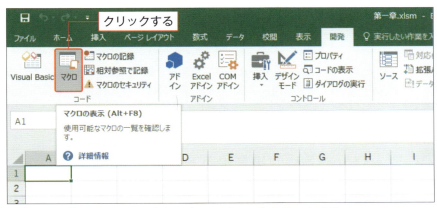

画像 1-17 ▎開発メニューからマクロアイコンをクリックする

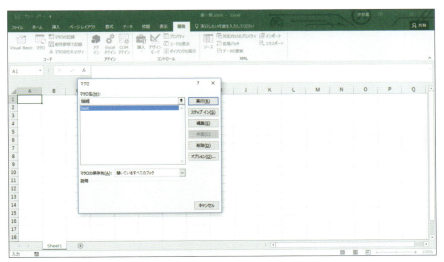

画像 1-18 ▎実行するマクロを選択する

以上でVBEを使った初めてのプログラミングは終了です。次章からは、実際に使えるプログラムを作りながら理解を深めていきましょう。

第 2 章

掛け算の九九表を表示しよう

プログラムの作り方を知る

第二章ではまず、ワークシートやセルをプログラムで扱います。それから、掛け算の九九表を表示するプログラムを作成します。その過程で、プログラミング技法であるオブジェクト指向プログラミングや構造化プログラミングについて説明します。

ワークシートやセルを扱う方法

　Excel VBAのよいところの一つは、Excelが持っているワークシートなどの機能をプログラムから簡単に利用できることです。

　さっそく、プログラムでワークシートやセルにアクセスする方法を説明しましょう。いきなりプログラムを書くのは厳しいので、次に示す見本のコードを見てください（**リスト 2-1**）。

リスト 2-1 ▌指定したセルのフォントサイズを変更するコード

```
Sub test()
    Workbooks("第二章.xlsm").Worksheets("Sheet1").Range("A1:F1").Font.
Size = 12                                                            ❶
    'アクティブなブックが対象となる
    Worksheets("Sheet1").Range("A2:F2").Font.Size = 16               ❷
    'アクティブなシートが対象となる
    Range("A3:F3").Font.Size = 20                                    ❸
    'プログラムが書かれているブックが対象となる
    ThisWorkbook.Worksheets("Sheet1").Range("A4:F4").Font.Size = 36  ❹
End Sub
```

　リスト 2-1 は、指定したセルのフォントサイズを変更するプログラムです。このコードを説明する前に、'（アポストロフィー）から始まる行につい

て説明します。コードとは、第一章で説明したように、プログラミング言語を使って書かれたテキストのことです。プログラムの元になることから、**ソースコード**とも言います。

　アポストロフィーから始まる行を**コメント行**と言います。コメント行には、プログラムを読む人のための説明を書きます。「ここで〜をします」とか「このコードは〜のための処理です」といったコメントを書きます。他人の作ったプログラムを読むときには、コメントを手がかりに理解していきます。VBAはアポストロフィーから始まる行をコメント行と見なし、実行しません。

　初めてプログラムを作る人にはイメージしにくいかも知れませんが、たとえ自分の作ったプログラムであっても、少しあいだを置いて、たとえば半年後に読み直してみると、何をしているのかわからないことが多いものです。自分が読み返すときのためにも、コメントをしっかり残しておきましょう。

　では、リスト2-1のコードを見ていきましょう。このコードは、第二章.xlsmというファイルを操作するものです。そのため、実際に動かしてみるときは、次のようにして、第二章.xlsmを作成します。

　第二章.xlsmというファイルを作成し、標準モジュール（Module1）を挿入して、リスト2-1のSubプロシージャーを書きます。コメント以外のコードが4行ありますが、どれもセル範囲のフォントサイズ（フォントの大きさ）を指定するコードです。

　❶は次のようになっています（実際には1行で書かれています）。

```
Workbooks("第二章.xlsm").Worksheets("Sheet1").Range("A1:F1").Font.Size = 12
```

　この行では、ワークブックからセルを指定しています。Workbooks("第二章.xlsm")のWorksheets("Sheet1")のRange("A1:F1")のFontのSizeを12にしなさいというコードです。＝は**代入演算子**と呼ばれ、右辺の値

を左辺に入れます。

　第二章.xlsmはワークブックではなくて、ファイル名ではないかと思われるかもしれません。しかし、外から見ると第二章.xlsmはファイルですが、Excel VBAの中から見るとワークブックです。Sheet1はExcelで新規ブックを作成すると自動作成されるシートです。

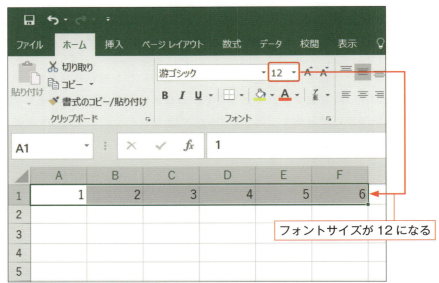

画像 2-1　A1セルからF1セルまでのフォントサイズが12になる。1から6の数字はあらかじめ手入力しておく。実行前のフォントサイズを8などにしておくと、実行後の違いがわかりやすい

オブジェクト指向プログラミング

　ここで、現在のプログラミング技法の主流である**オブジェクト指向プログラミング**について説明しましょう。オブジェクト指向プログラミングでは、プログラムを**オブジェクト**という部品で構成します。オブジェクトは**クラス**から生成されます。クラスとはオブジェクトの設計図です。

　各オブジェクトは**データ**と**メソッド**を持ちます。データとはオブジェクトの固有の値であり、メソッドとはオブジェクト自身に対する操作です。

といってもすぐにはわからないと思います。

まずは、オブジェクトはデータとメソッドで構成されるということだけ頭に入れましょう（図2-1）。

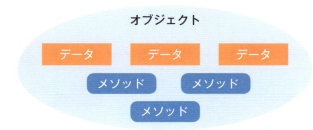

図2-1 ▍ オブジェクトは固有のデータと操作であるメソッドを持つ

　Excel VBAなら、オブジェクト指向をほかのプログラミング言語より比較的簡単に体験できます。ワークブックやワークシート、そして、ワークシートの構成要素であるセルをオブジェクトとして扱うからです。

　また、ワークブックやワークシートのようなオブジェクトの集まりをコレクションと言います（図2-2）。ワークブックは単純にブック、ワークシートはシートと呼ぶことが多いです。厳密には、シートという場合は、ワークシートだけでなくグラフシートも含みます。

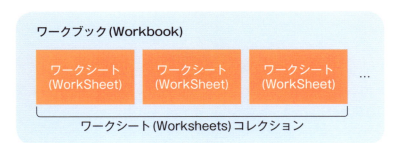

図2-2 ▍ ワークブックは複数のワークシートを持つ

　Excel VBAでは、オブジェクトのデータはプロパティ（属性）と呼びます。たとえば、セルのプロパティを使って、セルに値を代入したりできます。

ワークシートは行と列で構成されます。また、ワークシートの一つのマス目であるセルやセル範囲は、Rangeオブジェクトとして扱うことができます（図2-3）。言い換えれば、Rangeオブジェクトとしてセルを指定できます。

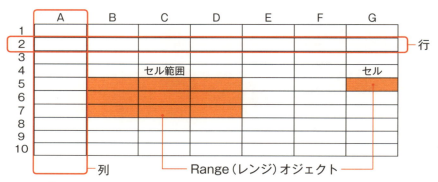

図2-3 ▎ワークシートには行、列、セルがある

❶に示した以下のコードをオブジェクト指向らしく言い直すと、「第二章ブックのSheet1シートのA1:F1のセル範囲（Range）のFontオブジェクトのSizeプロパティに12を代入する」となります。

```
Workbooks("第二章.xlsm").Worksheets("Sheet1").Range("A1:F1").Font.Size = 12
```

．（ピリオド）はオブジェクトの区切りに使います。「の」と読んでください。Workbooks("第二章.xlsm").Worksheets("Sheet1")であれば、「第二章ブック『の』Sheet1シート」となるわけです。

次に❷のコード（以下）を見てください。

```
Worksheets("Sheet1").Range("A2:F2").Font.Size = 16
```

このコードは、ブックの指定を省略して、Worksheets("Sheet1")から始まります。Workbooksの指定を省略すると、アクティブなブックが対象となります。アクティブなブックとは、現在選択されているブックです。たとえば、第一章と第二章の二つのブックが開かれている場合、第一章ブックが選択されている状態だと、このコードは第一章ブックのSheet1シートのA2からF2セルのフォントサイズを16に設定します。

❸のコードは次の通りです。

```
Range("A3:F3").Font.Size = 20
```

このコードのように、Worksheetsも省略することができます。この場合は、アクティブなシートのA3からF3セルのフォントサイズが20に設定されます。ブックに複数のシートがある場合、現在選択されているシートにこのフォントサイズが設定されます。

❹のコードを見てみましょう。

```
ThisWorkbook.Worksheets("Sheet1").Range("A4:F4").Font.Size = 36
```

ThisWorkbookを指定する最後の方法は、これまでと違いアクティブかどうかは関係ありません。他のブックが選択されていても、プログラムが書かれているブックを対象とします。
このコードを第二章.xlsmのSheet1が選択されている状態で実行すると次ページの画像のようになります。1から6の数字はあらかじめ1～4行に手入力しておくようにしてください。

	A	B	C	D	E	F
1	1	2	3	4	5	6
2	1	2	3	4	5	6
3	1	2	3	4	5	6
4	1	2	3	4	5	6

画像 2-2 第二章.xlsm の Sheet1 が選択されている状態で test() プロシージャーを実行した場合。1 から 6 の数字はあらかじめ 1 〜 4 行に手入力しておく

九九の表を作る

今度は、九九の表を作るプログラムを作ってみましょう。まず、今使っている Excel のブックにシートを追加して、シート名を付けます。

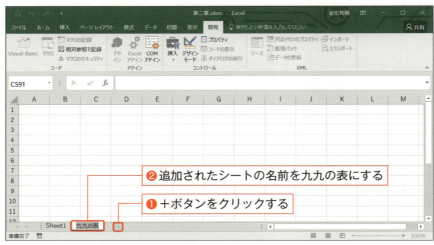

❶ ＋ボタンをクリックする
❷ 追加されたシートの名前を九九の表にする

画像 2-3 九九の表シートを追加した

　左下のシートのタブの右にある＋ボタンをクリックして、シートを追加し、「九九の表」というシート名をタブに入力します。画像のようにタブ上のシート名をダブルクリックして選択、反転させるとシート名が入力できます。

このシートに九九の表を作っていきます。

draw9x9Subプロシージャーが、九九の表を作るコードです（**リスト 2-2**）。このdraw9x9Subプロシージャーも、標準モジュール（Module1）に書いていきます。

リスト 2-2 ▎九九の表を作るコード（draw9x9Subプロシージャー）

```
Sub draw9x9()
    Worksheets("九九の表").Activate                           ―❶

    Dim i As Integer                                         ―❷
    Dim j As Integer

    For i = 1 To 9                                           ―❸
        Cells(i + 1, 1).Value = i  'Cells(行, 列)なので縦方向
    Next i
    For j = 1 To 9                                           ―❹
        Cells(1, j + 1).Value = j  '横方向
    Next j
    For i = 1 To 9                                           ―❺
        For j = 1 To 9
            Cells(i + 1, j + 1).Value = i * j  '九九の計算
        Next j
    Next i
End Sub
```

❶の行を見てください。リスト 2-1 で、ブックやワークシートの指定を省略した場合は、アクティブなシートが対象になりますと説明しました。しかし、自分で（プログラムで）アクティブなシートを設定することもできます。それが、ワークシートのActivateメソッドです。

また、複数のブックが開いている状態だと、ThisWorkbook.Worksheets("九九の表").Activateとしてdraw9x9Subプロシージャーが含まれているブックの九九の表シートをアクティブにすることもできます。

❷のコードが**変数**の宣言です。変数とは、数値や文字列を一時的に記憶

したいときに使います。それも固定した値ではなくて、変化する値を使いたい場合に使います。固定した値の場合は、後述するように定数を使います。

九九の表の作成では、変数iの値は列に代入するために、変数jの値は行に代入するために使います（図2-4）。

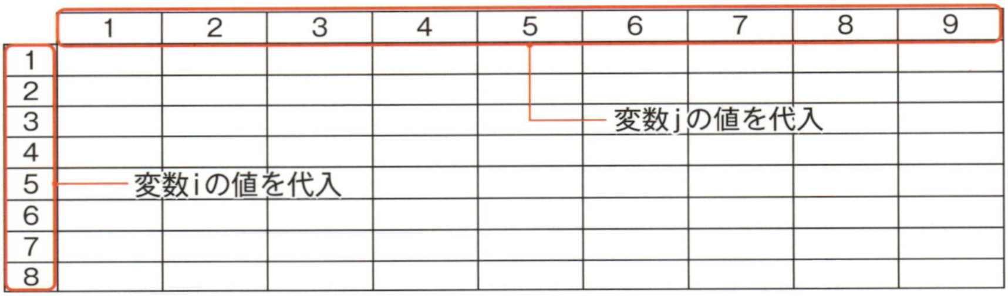

図2-4 変数iとjの値を変化させて、九九の表の縦横に2行目、2列目から入れていく

変数は、次の書式で宣言します。

```
Dim 変数名 As データ型
```

　プログラミングを仕事とする会社では、変数名を付けるときの命名ルールがあり、それに則って変数名を付けなくてはいけないことが多いです。変数名を見ただけで、その変数の使用目的や性質がある程度予測できるような名前だと他の人にもわかりやすいからです。個人でプログラミングする場合は厳密にルールを作る必要はないと思いますが、わかりやすい名前がよいことに変わりありません。Excel VBAでは、変数名に日本語を使うこともできますので、できる限りわかりやすい名前を付けましょう。

　変数の宣言では、変数名の後にAsでデータ型を指定します。データ型とは、コンピュータで扱う値の種類や大きさ（範囲）による分類です。この変数には、数値を入れるとか文字列（住所のように文字の連続したもの）を入れる、あるいは2017/4/5のような日付を入れるといったように指定します。

九九の計算に使うiとjには整数を入れるのでデータ型にIntegerを指定しました。Integerのほかにも整数を入れるためのLongというデータ型があります（表2-1）。

表2-1 ┃ 整数のデータ型の記憶範囲

	バイト	ビット	ビット列	範囲
	1バイト	8ビット	0 1 0 0 0 1 1 0 1	-128 ～ 127 の整数
Integer	2バイト	16ビット	0 0 0 0 0 1 1 0 1 1 0 0 0 1 0 1 1	-32,768 ～ 32,767 の整数
Long	4バイト	32ビット	0 0 0 0 0 1 1 0 1 1 0 0 0 1 0 0 0 1 1 0 1 1 0 0 0 1 1 1 1 0 0 0	-2,147,483,648 ～ 2,147,483,647 の整数

　何が違うのかというと、記憶できる値の範囲が違います。コンピュータの記憶の最小単位は、ご存じのように**ビット**です。ビットとは、コンピュータが扱うデータの最小単位です。

　1ビットで0か1かの二つの値を表現できます。ビットを8つ束ねると1バイトになります。1バイトで整数なら、-128 ～ 127 までの値を記憶できます（符号付き整数の場合、以下同）。Integerは2バイトで記憶するので、-32,768 ～ 32,767 の整数を記憶できます。Longだと表のようにかなり大きな整数が記憶できますね。

　このようにデータ型により記憶できる値の範囲が違いますので、データ型を選択するときには、まず値が桁あふれ（オーバーフロー）することのないデータ型にしないといけません。かといって、大は小を兼ねると考えて、何にでも記憶範囲の大きい型ばかりを使ってはいけません。値があふれないように安全を見つつ、コンピュータの記憶域（メモリー）のムダ遣いにならないようにデータ型を選択しないといけません。

　試しに、変数にデータ型の範囲外の値を代入したら、どうなるかを見てみましょう。次のように、変数を宣言した後に範囲外の値を代入します。

```
Dim i As Integer

i = 32768
```

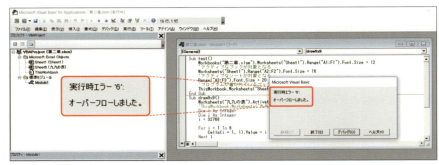

画像 2-4 ▎オーバーフローした例

　実行すると、「実行時エラー '6'、オーバーフローしました。」と表示され、処理が継続できません。こうしたエラーを避けるためにも、適切なデータ型を使う必要があります。
　Excel VBA の主なデータ型については、156 ページを参照してください。

構造化プログラミング

　続いて、draw9x9 Sub プロシージャーの構造を見ていきます。
　その前に 構造化プログラミング という基本的なプログラムの構成方法について説明しましょう。構造化プログラミングでは、プログラムを 順次、繰り返し、分岐 の論理構造で構成します。

- 順次とは、上から順番に処理をすることです。
- 繰り返しとは、一定の条件が満たされている間、同じ処理を繰り返すことです。
- 分岐とは、ある条件が成り立つときにある処理をする、成り立たないときには別の処理をする、というように処理を枝分かれさせることです。

　これらの構造は フローチャート（流れ図）で表現できます。フローチャートは、プログラムの各ステップを箱で表します。矢印や特殊な形の箱を組

み合わせることで論理構造を表現します（図2-5）。

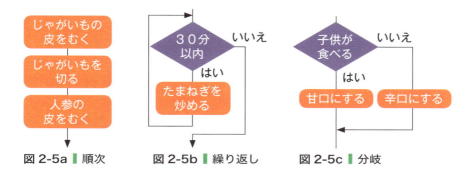

図 2-5a ▌順次　　図 2-5b ▌繰り返し　　図 2-5c ▌分岐

　プログラム言語では、制御文を使って論理構造を作っていきます。構造化プログラミングもExcel VBAなら「見える化」して学ぶことができます。なぜなら、ワークシートの行・列という2次元の構成が、順次や繰り返しの構造で扱いやすいからです。

　31ページのリスト2-2を見ると、制御文の一つであるFor文で始まるところが3カ所あります。❸、❹、❺です。
　For文は繰り返し処理をするための仕組みです。For文の構文は図2-6のようになります

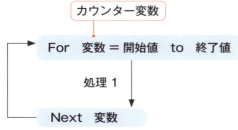

図 2-6 ▌For文の構文（その1）

　For文では変数に開始値を入れ、処理1を実行します。Nextで変数に1が足されて、For文に戻ります。このとき変数値が終了値以内なら、また処理1を実行します。終了値を超えたら、For文は終わりです。このFor

文による繰り返しのことをForループと呼びます。また、このループの制御に使う変数のことを**カウンター変数**と呼びます。

❸のForループの中身を見ていきましょう。❶でアクティベート（Activate）したワークシートオブジェクトのCellsプロパティを使ってセルに値を入れています。Rangeプロパティでは、セル範囲を"A2:F2"のように、"列行"の順に指定しました。一方、Cellsプロパティでは（行, 列）と指定します。Cells(i + 1, 1).Value = iのコードでカウンター変数iが1の場合、（2行, 1列）目、つまり、A2のセルのValue（値）が1になります。列はRangeのようにA列と指定することもできるので、Cells(i + 1, "A").Value = iという書き方も可能です。

この例ではカウンター変数を1から始めて、九九の表ですから9で終わっています。ただし、カウンター変数はいくつから始めても構いません。For 3 to 7のように指定しても構いません。

また、「カウンター変数はNextで1増加します」と説明しましたが、自分で増分値を指定することもできます。For 2 to 10 Step 2のように増分値を指定できます（図2-7）。

```
For  変数 = 開始値  to  終了値  Step  増分値
       処理1
Next  変数
```

図2-7 ▎For文の構文（その2）。増分値を指定する書き方

効率のよいプログラムを作るために大事なことは、For ～ Nextで囲まれた処理の中でうまくカウンター変数を使うことです。

Cells(i + 1, 1).Value = iの例では、セルの行指定、Valueプロパティに代入する値の2カ所にiが出てきています。

draw9x9Subプロシージャー全体の構造を確認しましょう。

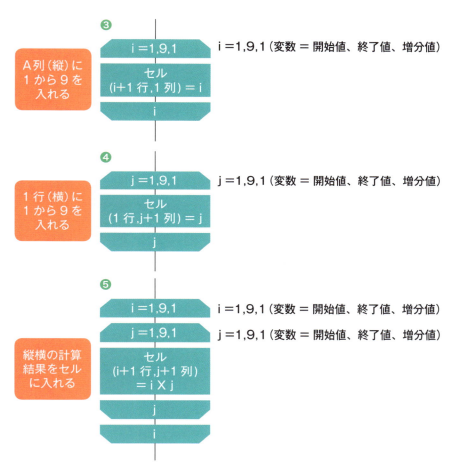

図2-8 draw9x9Subプロシージャーの構造。ループ端という記号を使ったフローチャートの書き方

❸がA列に1,2,3,4,…と書き込んでいく処理で、❹が1行目に1,2,3,4,…と書き込んでいく処理、❺が九九の計算結果を書き込んでいく処理です。この3つの処理は順次で実行されます。

また、それぞれの処理はFor～Next文による繰り返し処理です。上の図では、ループ端という記号を使ったフローチャートの書き方で、For～Next文を表現しています。

❺の九九の計算結果を代入していく部分のFor〜Next文が二重構造（入れ子）になっているので難しく感じられるかもしれませんが、iの値が1のときにjの値が1から9まで変化するとどうなるか、iの値が2のときにjの値が1から9まで変化するとどうなるかというように、順に考えていってください（図2-9）。

	1	2	3	4	5	6	7	8	9
1	1	2	3	4	5	6	7	8	9
2	2	4	6	8	10	12	14	16	18
3	3	6	9	12	15	18	21	24	27
4	4	8	12	16	20	24	28	32	36
5	5	10	15	20	25	30	35	40	45
6	6	12	18	24	30	36	42	48	54
7	7	14	21	28	35	42	49	56	63
8	8	16	24	32	40	48	56	64	72
9	9	18	27	36	45	54	63	72	81

図2-9 九九の表

さて、九九の表が簡単に作れましたね。プログラムの威力を感じてもらえたでしょうか。

「連続データの作成でA列と1行目に1から9の数字を入れて、あとは計算式をコピー＆ペーストで貼り付ければ、プログラムなんて作らなくても九九の表ぐらい簡単だよ」

そうですか。じゃあ、九九×九九の表だとどうでしょう？

インデント（字下げ）について

プログラムの書き方、作法的なことについて少し説明します。

draw9x9Subプロシージャーの中で、Forループの中の処理はtab（タブ）キーでインデントしています。Forループが二重になっている処理は2倍インデントしています。Excel VBAの場合、インデントはプログラムの動作そのものには全く関係がありません。

リストAのように書いても処理結果は同じです。

でも、Forループの処理の範囲はどこからどこまでなのかなど人間が理解するためには、インデントがあるとわかりやすいですね。

リストA インデントを変えて、読みにくくしたコードの例

```
Sub draw9x9()
    Worksheets("九九の表").Activate
    'ThisWorkbook.Worksheets("九九の表").Activate
    Dim i As Integer
    Dim j As Integer

    For i = 1 To 9
    Cells(i + 1, 1).Value = i 'Cells(行，列)なので縦方向
    Next i

    For j = 1 To 9
    Cells(1, j + 1).Value = j '横方向
    Next j
    For i = 1 To 9
    For j = 1 To 9
    Cells(i + 1, j + 1).Value = i * j '九九の計算
    Next j
    Next i
End Sub
```

画像 2-5 ┃ 九九×九九の表

　リスト 2-3 のように For 文の終了値を全部 99 に直せば、すぐに九九×九九の表が作成できます。

リスト 2-3 ┃ 九九×九九の表のコード

```
Sub draw9x9()
    Worksheets("九九の表").Activate
    'ThisWorkbook.Worksheets("九九の表").Activate
    Dim i As Integer
    Dim j As Integer
    
    For i = 1 To 99
        Cells(i + 1, 1).Value = i 'Cells(行，列)なので縦方向
    Next i
    For j = 1 To 99
        Cells(1, j + 1).Value = j '横方向
    Next j
    For i = 1 To 99
        For j = 1 To 99
            Cells(i + 1, j + 1).Value = i * j '九九の計算
```

```
        Next j
    Next i
End Sub
```

　これで少しプログラムの威力を感じてもらえたのではないかと思います。ただし、まだ、このdraw9x9Subプロシージャーには納得のいかないところがあります。九九の表を九九×九九の表に直すのに4カ所の9を99に直したことです。これは面倒ですし、1カ所だけ直し忘れたら、処理結果はいったいどうなるのでしょうか。

　こんなことを防止するために**定数**があります。変化しない値に名前を付けるものです。Const文でConst 定数名 As データ型 = 値のように宣言します。

　定数宣言しておけば、9から99に変えるときに1カ所だけ修正すればよくなります。そのようにしたのが**リスト 2-4**です。❶で定数宣言しています。

リスト 2-4

```
Sub draw9x9()
    Worksheets("九九の表").Activate
    'ThisWorkbook.Worksheets("九九の表").Activate
    Dim i As Integer
    Dim j As Integer
    Const LOOP_END As Integer = 99 ───────────────❶
    
    For i = 1 To LOOP_END
        Cells(i + 1, 1).Value = i 'Cells(行，列)なので縦方向
    Next i
    For j = 1 To LOOP_END
        Cells(1, j + 1).Value = j '横方向
    Next j
    For i = 1 To LOOP_END
        For j = 1 To LOOP_END
            Cells(i + 1, j + 1).Value = i * j '九九の計算
        Next j
    Next i
    
End Sub
```

第3章 電子サイコロを作ろう

乱数とイベント駆動

ゲームプログラミングのようにキャラクタの動きやストーリー展開に偶然性が必要な場合には乱数を使います。また、多くのプログラムはイベント駆動(イベントドリブン)という仕組みで動いています。本章では、電子サイコロを作って、乱数の使い方やイベント駆動について理解しましょう。

乱数とはランダムに発生する、次に何が出てくるかわからない数字です。ちょうどサイコロを振るようなものです。サイコロのように1から6の数字が均等に現れる乱数を一様乱数と呼びます。単に乱数というときもこの一様乱数を指すことが多いようですが、偏りがあっても出る数がわからなければ乱数です。

ワークシート関数でサイコロを作る

手始めにVBAではなくワークシート関数を使ってサイコロを作ってみましょう。ワークシート関数とは、ワークシート上で使える関数です。VBAに用意されている関数とは、同じ目的の関数であっても名前が違うことがあります。

Excelで新規に空白のブックを追加して、Sheet1のセルに「=RAND()」と入力します。ちなみに後からこのブックにプログラムを作成して行きますので、保存するときはマクロ有効ブック(*.xlsm)として保存してください。

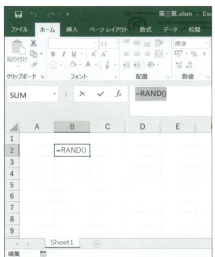
画像3-1　B2のセルに「=RAND()」と入力

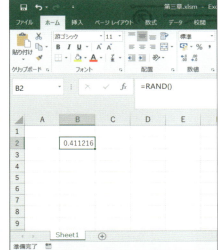
画像3-2　この例では0.411216と表示された

　RAND関数は0以上1未満の乱数を返します。つまり、小数点以下を含む0.XXXXXXという形式の値を返します。この値を1から6のサイコロの目にするには、まず、「=RAND()*6」というように6を掛けます。これで0以上6未満の値になります。サイコロの目に小数点以下の値は必要ありませんので、同じくワークシート関数であるINT関数を使い、小数部を切り捨てます。

　INT関数は指定した数値より小さい最大の整数を返します。少しまわりくどい説明をした理由は指定する値が正の数のとき、つまり「=INT(3.5)」と入力した場合は3を返しますが、負の数のとき、つまり「=INT(-3.5)」と入力した場合は整数値が変化し、-4を返すからです。

　「=INT(RAND()*6)」と入力すると、0から5の値がセルに表示されます。1から6の値にしたいので、これに1を足します。「=INT(RAND()*6+1)」と入力すると簡単なワークシート版電子サイコロができあがります。

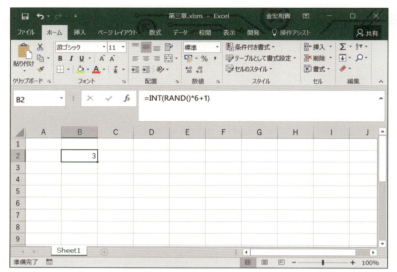

画像 3-3 ワークシート版電子サイコロ

　Excelのワークシートでは、F9キーで再計算をしますので、F9を押すたびにランダムな値が表示されます。

　ここでは、RAND関数とINT関数を使ってみました。関数とは特定の目的の処理をしてくれるものです。Excelのワークシート関数でもっともよく使うのはSUM関数だと思います。=SUM(B2:B4)のようにセル範囲を指定すると、その範囲の数値の合計を返してくれますね。

　図3-1のように、関数に値を渡し、別の値を返してもらうことができます。渡す値のことを引数（ひきすう）と言い、返ってくる値のことを戻り値と言います。

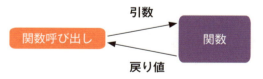

図3-1 引数と戻り値。関数は引数を受け取り、戻り値を返す

ワークシート関数やVBA関数では、引数を複数個受け取ることができます（図3-2）。ただし、関数が返す戻り値は一つです。

・引数が一つ
戻り値＝関数名(引数)

・引数が複数
戻り値＝関数名(引数,引数,・・・)

図 3-2 ▎引数は一つの場合もあれば、複数の場合もある

プログラムでサイコロを作る

次はプログラムを作って、もっとサイコロらしいものにしてみましょう。

まず、ワークシートSheet2を追加して、B2:B4のセル範囲をセルの書式設定でセルを結合します。

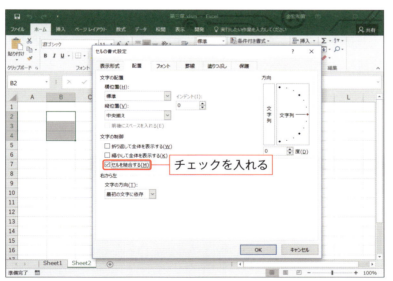

画像 3-4 ▎B2:B4 をセル結合する

そして、同じくセルの書式設定からフォントタブを選んでフォントサイズを36ぐらいに大きくしましょう。ここに数字（サイコロの目）を表示します。

次に開発メニューの挿入、フォームコントロールから左上のボタンを選んで結合したセルの下あたりに配置します。+カーソルでボタンの大きさを決めると、マクロの登録画面が表示されます。

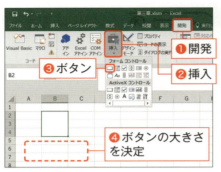
画像 3-5　フォームコントロールからボタンを追加

画像 3-6　マクロの登録画面が表示された

　ここで新規作成(N)ボタンをクリックするとプログラムの編集画面になるのですが、先にボタンのテキストを編集したいので、とりあえずOKをクリックして閉じます。

　作成されたボタンを右クリックしてテキストの編集(X)を選び、「サイコロを振る」と入力します。「サイコロを振る」が一列で表示されない場合は、ボタンのサイズを調整しましょう。

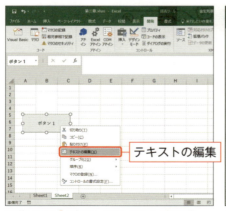
画像 3-7　ボタンのテキストを編集

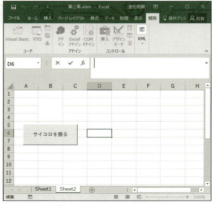
画像 3-8　ボタンのテキストを「サイコロを振る」に変更

このボタンが押されたら、サイコロの目をさきほど結合したセルに表示します。このように「ボタンが押されたら、○○する」というプログラムの実行形式を**イベント駆動（イベントドリブン）**と呼びます。イベントドリブンといっても特に難しいことはありません。Windowsパソコンをお使いの場合、ウェブブラウザーのMicrosoft Edgeのアイコンをクリックすると、Edgeが起動します。検索バーに文字列を入力しEnterキーを押すと、検索が実行されて関連する情報へのリンクが表示されますね。こうした動きがイベントドリブンです。つまり、あるイベント（行為や出来事）に対応して何かしらの処理が行われることを言います（図3-3）。

　イベントを起こすのはユーザーや他のプログラムです。このイベントに応じて処理を進めていくプログラミングのスタイルを**イベント駆動型プログラミング**と言います。

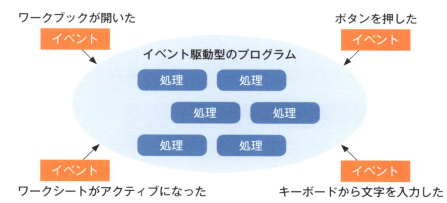

図3-3 イベント駆動の概念。イベント駆動型のプログラムでは、発生したイベントに対応する処理が行われる

　Excel VBAでは、「ボタンを押した」、「ワークシートのセルの値を変更した」、「ワークブックが開かれた」、「ワークシートがアクティブになった」などをはじめとする多くのイベントを取得することができます。これらのイベントに対応するコードを書いていけば、状況に応じた処理が実現できるわけです。

　では、サイコロを振るコードを書いていきましょう（**リスト3-2**）。

作成したボタンを右クリックしてマクロの登録(N)を選びます。

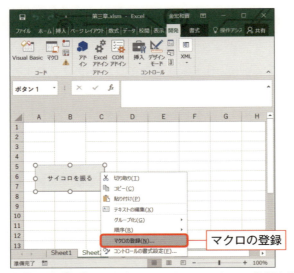

画像 3-9 ボタンを右クリックしてマクロの登録を選ぶ

マクロの登録ダイアログが表示されるので、新規作成(N)を選びます。

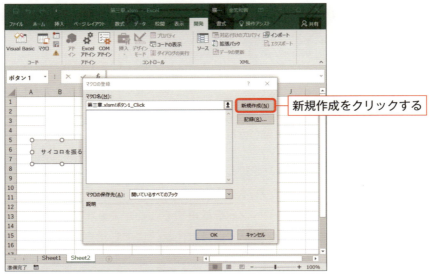

画像 3-10 マクロの登録ダイアログの新規作成ボタンをクリック

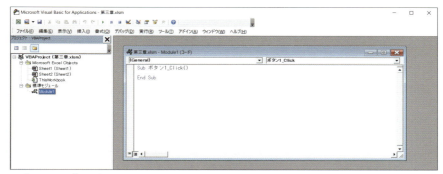

画像 3-11 標準モジュール（Module1）が作成される

　ボタンがクリックされたときに実行されるサブプロシージャーの開始（Sub）と終了（End Sub）が入力された状態でモジュールが開きます。ここにリスト 3-1 のコードを書いていきます。ワークシートにボタンを配置すると、ボタン 1、ボタン 2 というように、自動でオブジェクト名が付きます。

リスト 3-1 サイコロの目を出すプログラム

```
Sub ボタン1_Click()
    Dim i As Integer
    Dim j As Long
    
    For i = 1 To 6
        Range("B2").Value = Int(Rnd() * 6 + 1)
        For j = 1 To 2000000
            ' なにもしない
        Next j
    Next i
End Sub
```

　書き終わったら、保存して、VBE を閉じます。
　サイコロを振るボタンを押すと、しばらく数字がチカチカと入れ替わったあと、1 から 6 のうちいずれかの数字を表示して止まります。

画像 3-12 ワークシート上でボタンを押してサイコロを振る

では、リスト 3-1 を見てみましょう。

Integer 型の変数 i と、Long 型の変数 j を宣言した後、For ループで 6 回乱数を表示しています。乱数を返す関数はワークシートでは RAND 関数でしたが、VBA では Rnd 関数です。Int 関数は大文字小文字の違いがあるだけですね。

Range("B2") でセルを指定して出た目を Value プロパティに代入しています。関数は引数を受け取り、戻り値を返すと説明しましたが、Rnd 関数は引数を受け取っていません。Rnd 関数は引数を省略できるのです。引数を省略すると、既定値（デフォルト値）である「0 より大きい値」が指定されたときと同様に、乱数系列の次の乱数を返します。ちなみに Int 関数は引数を省略できません。乱数系列については第 4 章で説明します。

Rnd 関数の戻り値は **単精度浮動小数点数型**（Single）です。難しそうな用語ですので、バラバラにして考えていきましょう。**浮動小数点数** の対義語は **固定小数点数** です。たとえば、72.16 は小数点 (.) の桁位置が決まってい

るので固定小数点数です。浮動小数点数では数値を仮数部と指数部に分けます。72.16 は 72.16 X 10 の 0 乗と表現することができます。この場合、72.16 が仮数部で、10 の 0 乗が指数部です。小数点の位置を固定しないので、72.16 を 721.6 X 10 の -1 乗、7216 X 10 の -2 乗と表現することもできます。だから、浮動小数点数は固定小数点数よりも表現できる値の範囲が広いのです。

Excel VBAでは、単精度浮動小数点数型（Single）と**倍精度浮動小数点数型**(Double)を利用することができます。Singleは 4 バイト、Doubleは 8 バイトで記憶しますので、Doubleの方が表現できる値の範囲が広くなります。

Forループの中で、6 回もB2のセルに値を代入している理由は、サイコロが転がったのち、目が決まるように見せたいからです。そのためにjをカウンター変数に使った何もしないループでjの値を 2,000,000 まで増加させて時間稼ぎをしています。そうしないとあっという間に 6 回分の処理が終わり、最後の値しか目に見えないからです。

しかし、このループの作り方はよい方法ではありません。なぜかというと、パソコンのスピードはCPUなどのハードウェアの性能によって違うからです。CPU（シーピーユー）とはCentral Processing Unitの略で、コンピュータの中で制御・演算を担う「考える部品」です。

自分のパソコンで実行すると、サイコロの目がパラパラとテンポよく変わっていく場合でも、別のパソコンで実行すると、さっと一気に実行されて最後に出た目しか見えないとか、ゆっくり変わり過ぎてちょっと待ちくたびれるということになるかもしれません。

そこでTimer関数を使います。

Timer関数を使う

Timer関数を使ってリスト 3-1 の処理を書き換えたコードが次ページの**リスト 3-2** です。

リスト 3-2 ▎Timer関数を使ってリスト1の処理を書き換えたコード

```
Sub ボタン1_Click()
    Dim i As Integer
    Dim t As Single
    
    For i = 1 To 6
        t = Timer()
        Range("B2").Value = Int(Rnd() * 6 + 1)
        Do While (Timer() - t) < 0.2
            'なにもしない
        Loop
    Next i
End Sub
```

　このリスト 3-2 は、Timer関数でサイコロの目を出す間隔を指定しています。Timer関数は午前0時からの経過秒数を単精度浮動小数点数型の値で返します。Timer関数は引数を取りません。Timer関数の返す値を変数に保存して、現在の値と保存した値の差がある程度開くまで待ってやればよいわけです。

　t = Timer()で変数tにタイマー値をまず代入します。サイコロの目を出したら、Do While ～ Loop文で現在のタイマー値（Timer()）とtの差が0.2秒以上になるまで待ちます。

Do Loop（Do While、Do Until）による繰り返し処理

　Do ～ Loop文はFor ～ Next文と同様に繰り返しを行う制御文です。違いは、For ～ Next文ではカウンター変数を指定して、あらかじめ繰り返す回数を指定しますが、一方のDo ～ Loop文では、条件を指定します。

　Do While (Timer() - t) < 0.2 では、少し前に取得したTimer値（t）と現在のTimer値の差が0.2未満という条件が成り立つ間、何もしないループを繰り返します。逆に言うと、0.2以上になったらループを抜け出します。

　このDo While文は条件式が成り立つ間、処理を繰り返しますが、条件式を評価するタイミングを変えることができます。条件式が成り立つか

否か（真か偽か）を判断することを評価すると言います。Do While 条件式〜 Loopの先判断の書き方では、条件式を評価してから、処理を実行します。条件式によっては、ループ内の処理を一度も実行しない場合があります。必ず一回は処理を実行したい場合は、後判断の書式を使います。Do 〜 Loop While 条件式の書き方だと、処理を一度実行してから条件式を評価します（図3-4）。

Do While文（条件式が成り立つ間、処理を繰り返す）の2パターン

・先判断　　処理を一度も実行しない場合がある
　Do While 条件式
　　　処理
　Loop

・後判断　　処理は必ず一回実行する
　Do
　　　処理
　Loop While 条件式

図3-4 Do While文には、先判断と後判断の2種類の使い方がある

さて、Do While文は条件式が成り立つ間、ループ内の処理を繰り返しますが、「○○になるまで」のように条件式が成り立つまで、言い換えると「真」になるまで処理を繰り返したい場合もあります。そんなときは、Do Until文を使います（リスト3-3）。

リスト3-3 Do Until文を使ってリスト3-2の処理を書き換えたコード

```
Sub ボタン1_Click()
    Dim i As Integer
    Dim t As Single
    
    For i = 1 To 6
        t = Timer()
        Range("B2").Value = Int(Rnd() * 6 + 1)
        Do Until (Timer() - t) >= 0.2
            'なにもしない
        Loop
    Next i
End Sub
```

Do Until (Timer() - t) >= 0.2 とDo Until文を使うようにしました。これでTimer値の差が0.2秒以上になるまで、ループ内の処理を繰り返します。プログラミングの用語では「<」や「>=」のことを比較演算子と呼びます。
　VBAには、=（等しい）、<>（等しくない）、<（小さい）、<=（以下）、>（大きい）、>=（以上）などがあり、比較結果として真偽値を、真（True）、偽（False）で返します。各演算子については付録の一覧を参照ください。
　Do Until文も、図3-5のように、条件式を実行前に評価する書き方と、一回処理を実行してから評価する書き方があります。

Do Until文（条件式が成り立つまで、処理を繰り返す）の2パターン

・先判断　　処理を一度も実行しない場合がある
　Do Until　条件式
　　　　処理
　Loop

・後判断　　処理は必ず一回実行する
　Do
　　　　処理
　Loop Until 条件式

図3-5 ▎Do Until文にも、先判断と後判断の2種類の使い方がある

　>=は以上ですが、0.2秒間、乱数表示の更新を待つわけだから、(Timer() - t) = 0.2とすればよいのではないかと思われるかもしれません。でも、これは危険な考えです。終わらないプログラムを作ってしまうことになるかもしれません。
　なぜかと言うとTimer関数が返すのは単精度浮動小数点数型の値であり、0.1秒単位とは限らないからです。
　実際にどんな値が返ってきているのだろうかと疑問に感じたら、確かめてみることができます。一番、簡単な方法がDebug.Printメソッドです。Debugはデバッグと読み、プログラムのバグ（欠陥）を取り除くことを意味します。
　ボタン1_ClickサブプロシージャーにDebug.Print tを追加します。

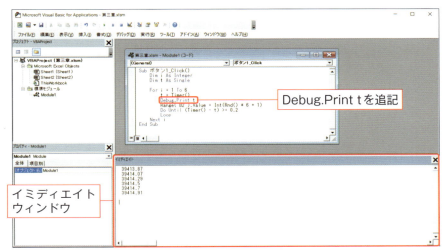

画像 3-13 ┃ Debug.Printで変数 t の値を表示

　変数 t の値がイミディエイトウィンドウに表示されます。イミディエイトウィンドウが表示されていない場合は、表示メニューからイミディエイトウィンドウを選んでください。
　このように関数の返す値がわからない場合は、確かめながらプログラムを作っていくことができるのも VBE のよい点です。

VBA 関数のまとめ

　いろいろな関数が出てきたので、最後にまとめておきます。
　VBA の関数は「戻り値を返す」、「引数を受け取る」、「引数を複数受け取るものもある」、「引数を省略できるものもある」、「引数を必要としないものもある」です。
　プログラミング言語によって、関数のできること、意味するところは異なります。ここでは VBA の関数はこういうことができるんだなと理解してもらえれば大丈夫です。

第4章 数字当てゲームを作ろう

変数の有効範囲と配列

本章では、第3章で作成した電子サイコロを発展させて、数字当てゲームを作成します。ゲームを作成する過程で、分岐処理や変数の有効範囲、配列やユーザー定義関数といった本格的なプログラムに必要な事柄を学んでいきましょう。

本章で作る数字当てゲームは8桁の数字をセル上に表示して、数秒後に見えなくします。そして、覚えた数字を別のセルに入力してもらい、答え合わせをします。具体的には、「文字列として数字を表示し、それを暗記して当てる」ゲームを作ります。

操作画面を作る

まず、8桁の数字を文字列として作成する方法を考えましょう。

第四章.xlsm（マクロ有効ブック）を作り、Sheet1のB列に「問題」、「答え」と見出しを入力します。続いて、2、3、4行目の行の高さを36ぐらいに設定します。セルC3：C4を罫線で囲みます。

画像4-1 問題を表示し、答えを入力するセルを設定する

行の高さは行を右クリックすると指定できます。次に、C列の幅を24くらいに広げます。こちらも列を右クリックして指定できます。

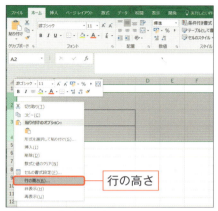

画像 4-2 行を右クリックして行の高さを選択する

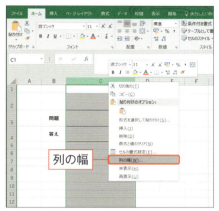

画像 4-3 C列の幅を24にする

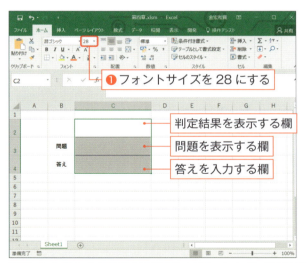

画像 4-4 セルC2:C4を選択してフォントサイズを28にする

　セルC2、C3、C4のフォントサイズを28ぐらいに大きくします。セルC3に8桁の数字を数秒間表示し、消したのちにセルC4に答えを入力してもらいます。セルC2には、答えがあっているかどうかの判定結果を「正

解！」などのように表示します。

　次に、問題を出す出題ボタンと答え合わせボタンをワークシートに追加します。ボタンは開発メニュー、挿入、フォームコントロールから追加します。

　ボタンができたら、マクロの登録は後回しにして、ボタンのテキストを編集します。ボタンを右クリックしてテキストの編集(X)を選びます。

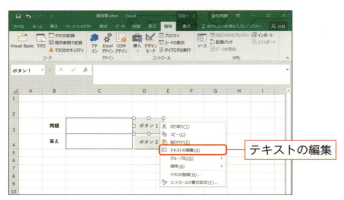

画像 4-5 ｜ ボタンを二つ配置する

　それぞれのボタンのテキストを、出題、答え合わせに変更します。答え合わせが一行で表示されるように、ボタンの横幅を調節してください。

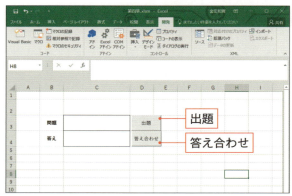

画像 4-6 ｜ ボタンのテキストを出題と答え合わせに変更する

出題のプログラムを作る

　それでは、プログラムを作成していきましょう。まず、出題ボタン（テキストを出題としたボタン）右クリックして、マクロの登録(N)を選びます。

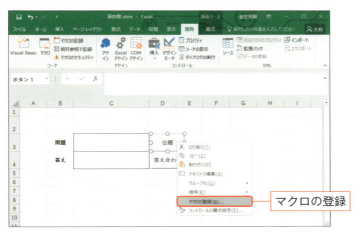

画像 4-7 ▍ボタンを右クリックしてマクロの登録(N)を選ぶ

　マクロの登録ダイアログが表示されるので、新規作成(N)をクリックします。

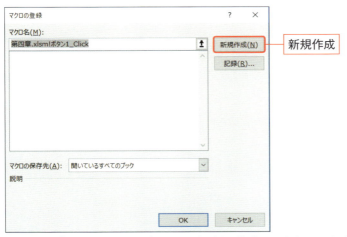

画像 4-8 ▍マクロの登録ダイアログで新規作成(N)をクリックする

Module1のボタン1_Click()サブプロシージャに**リスト4-1**のコードを入力していきます。ちなみに、マクロの登録(N)－新規作成(N)を何度かやっていると、標準モジュールのモジュール名がModule2、Module3と変化していくことがあります。Module1でなくても構いませんので、作成されたモジュールにコードを記述してください。

リスト4-1 ▍出題をするコード

```
Sub ボタン1_Click()
    Dim ans As String       '問題文字列
    Dim t As Single
    ans = ""

    Randomize

    Dim i As Integer
    For i = 1 To 8
        ans = ans & Int(Rnd() * 10)
    Next i

    Range("C3").Value = ans
    Range("C2").Value = "覚えて！"
    Range("C4").Value = ""
    t = Timer()
    Do While (Timer() - t) < 4
    'なにもしない
        DoEvents
    Loop
    Range("C2").Value = "答えて！"
    Range("C3").Value = ""
    Range("C4").Activate

End Sub
```

画像 4-9 ボタン 1_Click() サブプロシージャーに出題部分のコードを入力する

リスト 4-1 のコードを入力したら、保存して、出題ボタンをクリックして実行してみましょう。

画像 4-10 「覚えて！」の文字列とともに出題

画像 4-11 数秒後に「答えて！」の文字列を表示して問題を消去

「覚えて！」の文字列とともに問題欄に 8 桁の数字が表示されて、しばらくすると「答えて！」の文字列が表示され問題が消えます。このあと、答え欄に覚えた数字を入力してもらいます。

リスト 4-1 のコードを順に見ていきましょう。

ans は String（文字列）型の変数です。For ループの中で Int(Rnd() * 10) で乱数を元に発生させている 0 から 9 の数字を 8 個分、**文字列連結演算子** & で変数 ans に結合していきます。文字列連結演算子とは、その名の通り、文字列をつなぐ演算子です。

乱数を生成するRnd関数については第3章で基本的な説明をしましたが、Forループの少し前にあるRandomize関数について説明しなくてはいけませんね。乱数を生成するRnd関数は、あらかじめ定められた乱数系列にしたがって乱数を返します。ですから、繰り返し実行していると乱数に偏りが出ます（同じ順番で乱数が出てしまいます）。Randomize関数は種（シード値）を元に乱数系列を再設定します。これにより、乱数の偏りを防ぎます。

　Randomize関数にはRandomize(シード値)として、種となる値を引数に渡すことができますが、省略した場合は、システムタイマーから取得した値がシード値として使われます。

　Do Whileループは表示した8桁の数字を覚えてもらうための待ち時間を作る処理です。Timer関数の使い方も第3章で説明しましたが、ここでは4秒間の待ち時間を作るのに使っています。ループ内のDoEvents関数は、OS(オペレーティングシステム)に制御を渡します。この場合のOSは、Windows OSですね。

　Windows OS上でなにかアプリを使っていて、「応答なし」になった経験のある方も多いと思いますが、「Do While (Timer() - t) < 10」と待ち時間を10秒と長くして、DoEventsの前にアポストロフィーを付けて、コメント行にしてしまうと「応答なし」になります。

画像 4-12 応答なしになった例。左上のウィンドウ枠に（応答なし）と表示されている

「応答なし」とはOSから見て、アプリからの反応がなくなった状態です。このような事態をさけるために、時間の掛かる処理をする場合、VBAではDoEvents関数を実行して、他のイベント処理やプログラムの処理を実行できるようにします。

最後のRange("C4").ActivateのActivateメソッドは指定したセルをアクティブ（選択された状態）にします。画像4-11のように答えの欄を選択しているわけです。

答え合わせのプログラムを作る

答え欄に覚えた数字を入力したら、答え合わせボタンをクリックします。そのときの処理を作成していきましょう。

出題ボタンと同じように、答え合わせボタンを右クリックしてマクロの登録(N)を選びます。新規作成(N)で作成します。

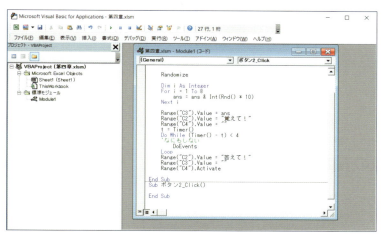

画像4-13 ｜ ボタン2_Clickサブプロシージャーが作成された

ボタン1_Clickサブプロシージャーの下に続けて、ボタン2_Clickサブプロシージャーを次ページの**リスト4-2**のように記述していきます。

ちなみに、もし新しいモジュールがModule2のように作成されて、そ

こにボタン2_Clickサブプロシージャーが作成された場合は、カット＆ペーストで（もしくは、編集メニューから、切り取り(T)、貼り付け(P)で）、ボタン1_Clickサブプロシージャーが記述されているモジュールに「Sub ボタン2_Click()」からEnd Sub」までを移動させてください。

リスト4-2 ▎答え合わせをするコード

```
Sub ボタン2_Click()
    Range("C3").Value = ans
    If (Range("C4").Value = ans) Then
        Range("C2").Value = "正解！"
    Else
        Range("C2").Value = "残念！"
    End If
End Sub
```

　答え合わせをするコードではまず、セルC3にans変数から問題を再度代入して表示したのちに、セルC4の値がans変数の値を同じかどうかIF文で判定して、「正解！」や「残念！」と表示しています。
　これでプログラムは完成と言いたいところですが、残念ながらこの答え合わせのコードは正しく動作しません。なぜかと言うと、変数には有効範囲があるからです。変数の有効範囲とは、プログラム上で変数が利用できる範囲のことです。

変数の有効範囲（スコープ）

　VBAにおける変数の有効範囲は次の通りです。

・プロシージャーの中で宣言した変数は、そのプロシージャーの中で有効
　これをプロシージャーレベル変数といいます。
・モジュールの中で、プロシージャーの外で宣言した変数は、そのモジュールの中で有効
　これをプライベートモジュールレベル変数、もしくは単にモジュール

レベル変数といいます。

・**モジュールの中で、プロシージャーの外で、Publicを付けて宣言した変数は、どのモジュールでも有効**

これをパブリックモジュールレベル変数、もしくは単にパブリック変数といいます。この変数の有効範囲のことを**スコープ**といいます。

リスト4-2のコードが正しく動かない理由がおわかりいただけたでしょうか。ボタン2_Clickプロシージャーからは、ボタン1_Clickプロシージャーで宣言された変数ansを使うことはできません。

リスト4-3の❶に示すように、ansをモジュールレベル変数にすれば、同じモジュール内のプロシージャーから利用できるようになります。

リスト4-3 ansをモジュールレベル変数にした

```
Dim ans As String      '問題文字列                      ❶
Sub ボタン1_Click()
    Dim t As Single
    ans = ""
    Randomize

    Dim i As Integer
    For i = 1 To 8
        ans = ans & Int(Rnd() * 10)
    Next i
(以下、省略)
```

以上により、数字当てゲームはきちんと動くようになりました。

変数の有効範囲を図 4-1 にまとめます。

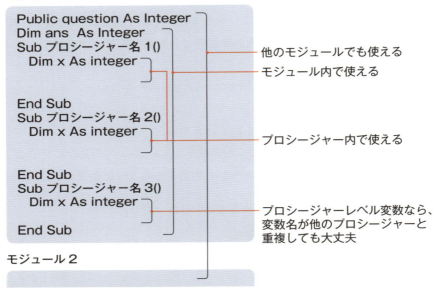

図 4-1 変数の有効範囲（スコープ）

　では、変数のスコープを広げて、すべてモジュールレベル変数やパブリック変数にすればどこからでも利用できて便利じゃないかと思われるかも知れません。実は、これこそプログラミング初心者が陥りやすいワナの一つです。

　このサンプルのようにごく小さなプログラムを作っている分にはどちらでもよいのですが、ソースコードの量が増え、プログラムが大きくなっていくと管理が大変なのです。まず、変数名の衝突を避けるための変数名の命名が難しくなります。そして、あるプロシージャで使っているモジュールレベルの変数を別のプロシージャで更新するということが起きます。それが別のプロシージャにとっては予期しない値への更新であったりすると、プログラムはどんどん予期しない方向に進んでいきます。

　変数のスコープはできるだけ小さくすることが「転ばぬ先の杖」です。

IF文による条件分岐

判定処理や場合分けにはIF文を使います（図4-2）。場合分けとは「○○だったら、□□しよう」というように、場合によって処理を分けることです。

パターン1
```
If 条件1 Then

    処理1

End If
```

パターン2
```
If 条件1 Then

    処理1

Else

    処理2

End If
```

パターン3
```
If 条件1 Then
    処理1
ElseIf 条件2 Then
    処理2
ElseIf 条件3 Then
    処理3
Else
    処理4
End If
```

図4-2 ▎IF文による分岐処理

IF文にはいくつか書き方があります。パターン1は条件1が成り立つときに（真のときに）処理1を実行します。パターン2はふたまたに分かれます。条件1が成り立つときは（真のときは）処理1を、成り立たないときは（偽のときは）処理2を実行します。リスト4-2で使っているのはこのパターン2です。Range("C4").Value = ans が真のときは、セルC2に正解！を表示し、偽のときは残念！を表示します。

パターン3は評価したい条件が複数あるときの書き方です。ElseIfを使って、いくつでも条件を書いていくことができます。図解すると以下のようになります。

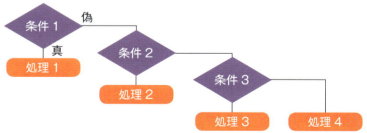

図4-3 ▎パターン3の分岐を図解したもの

配列を使ってゲームを発展させる

　数字当てゲームをもう少し発展させましょう。8個の数字を記憶して、答えてもらうのは同じですが、どこを間違ったか、何個間違ったかを判定できるようにしましょう。

　先のサンプルでは、8個の0から9までの乱数を文字列として連結して出題しました。答えも8桁の数字として入力してもらいました。このやり方だと、何番目の数値を間違えたのか判定が難しくなります。そこで、8個の数字をそれぞれ別に扱うようにします。

　ここで配列を使います。配列とは同じデータ型の値を複数、連続して記憶するための仕組みです。

　まず、ワークシートSheet2を追加して問題欄と答え欄を作ります。今回はそれぞれを8個のセルとして作成します。2、3、4列の行の高さは44ぐらいに、C～J列の幅は7ぐらいに、セルC3からJ4のフォントサイズを28ぐらいにします。先のサンプルと同様に出題ボタンと答え合わせボタンを開発メニュー、挿入、フォームコントロールから追加します。

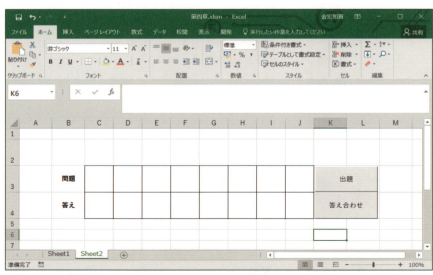

画像4-14 Sheet2を追加して、8個の問題欄と答え欄を作る

まず、出題ボタンをクリックしたときのコードから書いていきましょう。出題ボタンを右クリックして、マクロの登録(N)を選びます。ダイアログが開き、「Sheet2_ボタン1_Click」や「第四章.xlsm!Sheet2_ボタン1_Click」といったマクロ名が作成されますので、新規作成(N)を選びます。

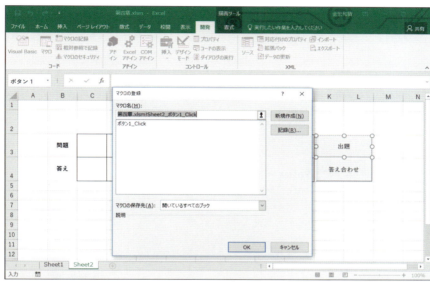

画像 4-15 マクロの登録ダイアログでマクロ名を確認して、新規作成(N)を選ぶ

サブプロシージャーのひな形Sub Sheet2_ボタン1_Click()からEnd Subが作成されます。標準モジュール（Module2）にコードを記述していきます。

ここで、Module2が作成されて、そこにひな形が作られた場合はそのまま進めてください。Module2が作られずに、Module1に追記された場合は、挿入(I)メニューから標準モジュール(M)を選びModule2を追加して、そこにSheet2_ボタン1_Click()からEnd Subをカット＆ペーストしてください。

配列を使って出題するコードを次ページの**リスト4-4**に示します。

リスト 4-4 出題をするコード

```
Dim ans(1 To 8) As Integer
Sub Sheet2_ボタン1_Click()
    Dim t As Single
    Randomize
    
    Dim i As Integer
    For i = 1 To 8
        ans(i) = Int(Rnd() * 10)
    Next i
    ' 問題欄
    For i = 1 To 8
        '3行目、3列目から
        Cells(3, i + 2).Value = ans(i)
    Next i
    ' 回答欄
    Range("C4:J4").Value = ""
    Range("C4:J4").Interior.ColorIndex = 0
    
    Range("C2").Value = "覚えて！"
    t = Timer()
    Do While (Timer() - t) < 4
    'なにもしない
        DoEvents
    Loop
    Range("C2").Value = "答えて！"
    ' 問題欄
    Range("C3:J3").Value = ""
    
    Application.Goto Range("C4")
    
End Sub
```

　リスト 4-4 では、モジュールレベル変数としてans配列を宣言しています。ans配列はInteger型の値（配列の場合、**要素**といいます）を 1 から 8 の 8 個を記憶することができる配列です（**図 4-4**）。

Dim ans(1 To 8) As Integer

1	2	3	4	5	6	7	8
ans(1)	ans(2)	ans(3)	ans(4)	ans(5)	ans(6)	ans(7)	ans(8)

Dim ans(8) as Integer

0	1	2	3	4	5	6	7	8
ans(0)	ans(1)	ans(2)	ans(3)	ans(4)	ans(5)	ans(6)	ans(7)	ans(8)

└ 添え字

図 4-4 ┃ 配列の宣言の仕方と中身

　配列の宣言の仕方には、要素数だけを指定する書き方もあります。Dim ans(8) As Integer は ans(0) から ans(8) までの 9 個の要素を持つ配列を宣言します。8 個でなく 9 個であることが VBA の独特な文法なのですが、まぎらわしいので、ans(1 To 8) のように、最初と最後の要素番号を明示的に指定する方がよいでしょう。要素の番号は 1 から始める必要はなく ans(0 To 7) や ans(3 To 5) といった書き方もできます。

　For ループの中で配列の各要素に 0～9 の乱数を ans(i) = Int(Rnd() * 10) のように代入していますが、ans(i) と **添え字** と呼ばれる要素番号を配列名の後の () 内に指定して配列の各々の場所を示します。

　これらの配列を一次元配列といいます。一次元配列はワークシートの行や列に似ています。次の For ループの中で、Cells(3, i + 2).Value = ans(i) というように i を添え字として、セルへ要素の値を代入しています。同じ i で配列とセル範囲を操作しています。

　このように一次元の配列は行や列、Range (セル範囲) と似ています。配列には一次元配列だけではなく、二次元配列をはじめとする多次元配列もあります。よく使うのは二次元配列までです。二次元配列はワークシートの行と列と見なすことができます。

図4-5 一次元配列と二次元配列の違い。灰色で示したのが一次元配列。1行や1列の配列は一次元配列となる。一方、二次元配列は行と列の集合として表現できる

　たとえば、8桁の乱数を5個覚えておきたい場合、Dim ans(1 To 5, 1 To 8) As Integerのように宣言します。

　Module1に書いたプログラムと違うところを見ていきましょう。Range("C4:J4").Interior.ColorIndex = 0はセル範囲のInteriorオブジェクトのColorIndexに0を指定しています。Interiorオブジェクトは背景色の設定に使います。ColorIndexはカラーパレットのインデックス番号です。答え合わせをするときに間違った箇所はセルの背景色を赤（ColorIndex = 3）にしますが、ここでは初期化の目的で、色無し（ColorIndex = 0）にしています。

　Application.Goto Range("C4")で、答え欄の最初のセルに移動します。

　次に配列を使って答え合わせをするコードを見ていきましょう。このコードもModule2に記述します（**リスト4-5**）。

リスト 4-5 答え合わせをするコード

```
Sub Sheet2_ボタン2_Click()
    Dim i As Integer
    Dim missCount As Integer
    missCount = 0
    For i = 1 To 8
        '問題再表示
        Cells(3, i + 2).Value = ans(i)
        If Cells(4, i + 2).Value = ans(i) Then
            Cells(4, i + 2).Interior.ColorIndex = 0 '黒
        Else
            Cells(4, i + 2).Interior.ColorIndex = 3 '赤
            missCount = missCount + 1
        End If
    Next i
    
    Select Case missCount
        Case 0
            Range("C2").Value = "すばらしい！"
        Case 1 To 2
            Range("C2").Value = "おしい！"
        Case 3 To 4
            Range("C2").Value = "もう少し！"
        Case Else
            Range("C2").Value = "がんばれ！"
    End Select
End Sub
```

missCountは間違った数をカウントするための変数です。

Forループの中で問題を再表示したあと、If Cells(4, i + 2).Value = ans(i) Thenでセルに入力した値とans配列の要素の値が等しいか判定し、違っていたら背景色を赤にしています。

間違えたときは、missCountに1を加算します。

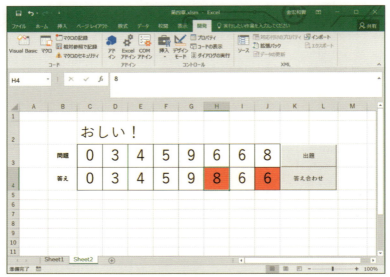

画像 4-16 間違えると背景色が赤になる

Select Case 文による条件分岐

「おしい！」などと missCount をもとに文字列を C2 セルに表示しているのが、For ループに続く Select Case 文です。Select Case 文を使うと、IF 文のパターン 3 における「ElseIf で何度も条件をたずね直す部分」を簡潔に表現できます。以下で示すパターン 1 の場合です。

パターン 1

```
Select Case 変数
    Case 値 1
        処理 1
    Case 値 2
        処理 2
    Case 値 3
        処理 3
    Case Else
        処理 4
End Select
```

パターン 2

```
Select Case 変数
    Case 値 1, 値 2
        処理 1
    Case 値 3, 値 4
        処理 2
    Case Else
        処理 4
End Select
```

パターン 3

```
Select Case 変数
    Case 値 1 To 値 2
        処理 1
    Case 値 3 To 値 4
        処理 2
    Case 値 5 To 値 6
        処理 3
    Case Else
        処理 4
End Select
```

ある変数を複数の値と比較したいときに Select Case 文は有効です。そ

れがパターン2の場合です。カンマで区切って複数の値を指定できます。さらにパターン3では、Toで範囲を指定できます。

共通部分をプロシージャーにする

　ここで、プログラムを整理することを考えましょう。Module1に書いた出題をするコード（リスト4-1）とModule2に書いた出題をするコード（リスト4-4）は同じ目的なのでコードの内容が似通っています。特にTimer関数を使って4秒間待つ分は全く同じです。

　共通する部分はプロシージャーにして、両方のコードから呼び出すようにします。その方がコードの量が減るからです。**コードの量が減ると、プログラムの間違いも比例して減ります。**

　VBEの挿入メニューから標準モジュール（順番通りだとModule3）を追加して、**リスト4-6**を記述します。waitTimeサブプロシージャーは引数として渡された秒数の間、なにもしないループを繰り返します。

リスト4-6 ▎Module3に追加する、指定した時間だけ待つプロシージャー

```
Sub waitTime(duration As Single)
    Dim t As Single
    t = Timer()
    Do While (Timer() - t) < duration
    'なにもしない
        DoEvents
    Loop
End Sub
```

　Module3にwaitTimeサブプロシージャーを書いた理由を説明します。Module1はSheet1に関係し、Module2にはSheet2に関係しているけれど、Module3はどのシートにも直接関係しない標準モジュールとして扱いたいためです。

リスト 4-7 は Module2 の Sheet2_ボタン 1_Click() の処理に対して、waitTime サブプロシージャーを使うように直したコードです。引数に 4（秒）を指定しています。Module1 のボタン 1_Click() の処理も同様に直します。

リスト 4-7 waitTime サブプロシージャーを使うようにボタン 1_Click() の処理を直す

```
Sub Sheet2_ボタン 1_Click()
    Randomize
    
    Dim i As Integer
    For i = 1 To 8
        ans(i) = Int(Rnd() * 10)
    Next i
    ' 問題欄
    For i = 1 To 8
        '3 行目、3 列目から
        Cells(3, i + 2).Value = ans(i)
    Next i
    ' 回答欄
    Range("C4:J4").Value = ""
    Range("C4:J4").Interior.ColorIndex = 0
    
    Range("C2").Value = "覚えて！"
    waitTime (4)
    Range("C2").Value = "答えて！"
    ' 問題欄
    Range("C3:J3").Value = ""
    
    Application.Goto Range("C4")
    
End Sub
```

ユーザー定義関数を作る

共通で使うサブプロシージャー waitTime() を作ってみましたが、こんどは値を返す関数 (Function プロシージャー) を作ってみましょう。

リスト 4-5 のコードに注目しましょう。答え合わせをするコードなのですが、プロシージャーの半分ほどをmissCountから表示する評価の文字列（すばらしい！など）を選択するコードが占めています。もちろん「こんなふうに書いたらダメ」というわけではありませんが、プロシージャー内に本来の目的以外のコードが増えたら、プロシージャーの外に括り出せないかを考えます。

　Select Case文を使っている部分は、間違えた数を評価の文字列に変えている処理なので、数値から文字列への変換と考えることができます。**リスト 4-8 のように関数にするのがよいでしょう。**

リスト 4-8 ┃ 間違えた数を受け取り、評価文字列を返す関数

```
Function decision(cnt As Integer) As String
    Dim str As String
    Select Case cnt
        Case 0
            str = "すばらしい！"
        Case 1 To 2
            str = "おしい！"
        Case 3 To 4
            str = "もう少し！"
        Case Else
            str = "がんばれ！"
    End Select
    decision = str

End Function
```

　関数定義はFunctionで始め、引数(cnt As Integer)のあとに戻り値のデータ型を指定します（As String）。そして、これはVBAの特徴なのですが、decision = strのように関数名に戻り値を代入することで値を返すことができます。

　リスト 4-5 のコードは次ページの**リスト 4-9** のように直します。

リスト 4-9 ▎decision関数を使う

```
Sub Sheet2_ボタン2_Click()
    Dim i As Integer
    Dim missCount As Integer
    missCount = 0
    For i = 1 To 8
        '問題再表示
        Cells(3, i + 2).Value = ans(i)
        If Cells(4, i + 2).Value = ans(i) Then
            Cells(4, i + 2).Interior.ColorIndex = 0 '黒
        Else
            Cells(4, i + 2).Interior.ColorIndex = 3 '赤
            missCount = missCount + 1
        End If
    Next i
    Range("C2").Value = decision(missCount)

End Sub
```

　さて、変数に有効範囲（スコープ）があるようにサブプロシージャやFunctionプロシージャにも有効範囲があります。Public サブプロシージャ名のようにPublicキーワードを付けるとすべてのモジュールから利用可能になります。Privateを付けると記述したモジュールからのみ利用可能になります。省略した場合は、Publicと見なされます。

ワークブックやワークシートのイベントを使った初期化

　最後に見た目にこだわってみましょう。一度、数字当てゲームで遊んだあとは、問題や答えが表示されたままで、間違ったセルの背景色が赤くなってしまっていて、次にワークシートやワークブックを開いたときに見苦しいです。
　こんなときはワークシートやワークブックのイベントを使って、初期化処理をします（**リスト 4-10**、**リスト 4-11**）。

リスト 4-10 ┃ Sheet1 のActivate イベントのコード (Sheet1)

```
Private Sub Worksheet_Activate()
    Range("C2:C4").Value = ""
End Sub
```

リスト 4-11 ┃ Sheet2 のActivate イベントのコード (Sheet2)

```
Private Sub Worksheet_Activate()
    Range("C2:J4").Value = ""
    Range("C2:J4").Interior.ColorIndex = 0
End Sub
```

　ワークシートやワークブックのイベント処理は、各々のシートモジュール (Sheet1、Sheet2、ThisWorkbook) に書きます。

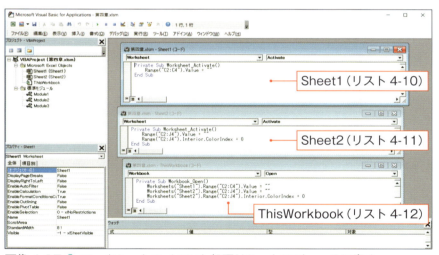

画像 4-17 ┃ ワークシートのイベント処理はシートモジュールに書く

　この例では、ワークシートが選択されてアクティブなったときに発生するActivate イベントで出題欄、答え欄の値を消去、背景色を色無しにしています。
　また、ワークブックのOpen イベントは、ワークブックを開いたときに

発生しますが、ここでも同様の初期化処理をしています（**リスト 4-12**）。

リスト 4-12 ┃ WorkbookのOpenイベントのコード（ThisWorkbook）

```
Private Sub Workbook_Open()
    Worksheets("Sheet1").Range("C2:C4").Value = ""
    Worksheets("Sheet2").Range("C2:J4").Value = ""
    Worksheets("Sheet2").Range("C2:J4").Interior.ColorIndex = 0
End Sub
```

　このように、**一度できたプログラムに対して、コードや見た目、動作を見直すことも大事**です。よりわかりやすいコード、より使いやすいプログラムにすることを心がけましょう。

第 2 部

役立つプログラムを作ってみよう

第5章

あみだくじを作ろう

エラー処理とさまざまな演算子

本章では、引いて楽しいあみだくじを作成します。あみだくじ作りを通して、エラー処理について学びます。人間に間違いはつきものなので、プログラミングにおいてもエラー処理はとても大切です。さらに、いろいろな演算子についても理解を深めましょう。

　何かの当番やリーダーといった役割を決めたり、当たりを選ぶときにあみだくじを使います。紙に参加人数分の縦線を引いて、適当に横線を入れ、当たりを決めて、参加者それぞれが縦線を選び、くじをたどっていきます。これをExcel VBAでプログラミングしてみましょう。

どんなあみだくじを作るのか

　ここで作るあみだくじでは、参加人数を2名から10名の範囲で入力し、人数分の縦線を引きます。そこに乱数を使って、横線を入れていきます。線とはいっても、図形の線を描画するのではなく、セルに背景色を付けることであみだくじを描いていきます。

　それから、参加者の名前と何番目の線を選ぶかを入力してもらい、スタートボタンが押されたら、あみだくじを自動でたどっていくようにします。

　さっそく、作っていきましょう。Sheet1に「引いて楽しいあみだくじ」などの文字列とともに、参加人数を入力するセルや参加者の名前、選択する縦棒が左から何番目かを入力するセルを用意します。

画像 5-1 ▎入力欄とボタンを配置する

　ボタンは開発メニュー、挿入を選び、表示されたフォームコントロールの左上のボタンを配置します。ボタンは 3 個配置します。テキストが「あみだくじ作成」のボタンがボタン 1 で、「選択決定」がボタン 2、「スタート」がボタン 3 です。

画像 5-2 ▎フォームコントロールのボタンを配置する

　ボタン 1 がクリックされたら、入力された人数にしたがって線を引いて行きます。
　さて、ここで本章のテーマの一つ、**エラー処理**の話をしましょう。

On Errorステートメントでエラー処理をする

　プログラムを実行していると、さまざまなエラーが発生します。たとえば、次のようなエラーです。

・保存してあるデータをパソコンのハードディスクから読みだそうとするものの失敗
　ハードディスクとは磁気を使った補助記憶装置です。

・インターネットを経由して、他所(よそ)にあるサーバーから、データを取得しようとするものの、時間が掛かり過ぎて失敗
　サーバーとは、他のコンピュータにデータやサービスを提供するコンピュータのことです。サーバーと他のパソコンの関係は、コーヒーサーバーとコーヒーカップの関係をイメージしてください。コーヒーサーバーからコーヒーをカップに注ぐように、サーバーからアプリケーションやデータなどを手元のパソコンに取り寄せるイメージです。

　このようにいろいろなエラーが考えられますが、簡単なものもあります。たとえば、数字が入力されるべき場所に数字以外の文字が入力されたような場合です（入力エラー）。エラーが発生したときの処理を用意していないプログラムの多くは、エラーが発生した時点で処理が止まってしまいます（あるいは、間違った結果を出してしまいます）。
　自分で作ったプログラムを自分だけで使うのなら、入力エラーなどはあまり気にしなくてよいでしょう。どのように入力すべきかを知っているためです。しかし、その自作プログラムを他人に使ってもらうときには、想定外の値を入力され、エラーが起きてしまうかもしれません。そのため、プログラムを作るときは、適切なエラー処理を用意する必要があるのです。
　まず、エラー処理を用意しないと、どうなるか見てみましょう。エラー処理を用意していないコードを標準モジュール（Module1）に記述したものをリスト 5-1 に示します。

リスト 5-1 ▎エラー処理を用意していないコード

```
Private number As Integer
Sub ボタン1_Click()
    number = Range("B3").Value
    If number < 2 Or number > 10 Then
        MsgBox "人数は２～１０名の範囲で入力してください"
        Exit Sub
    End If
    ' サブプロシージャーをコメントアウト
    ' drawLines
    MsgBox "参加する人の名前を入力して、" & vbNewLine & "何本目のくじを
選ぶか数字を入力してください。"
End Sub
```

　コードを書いたら、あみだくじの人数を入力する欄に、わざと英字を入力して、あみだくじ作成ボタンをクリックしてみましょう。

画像 5-3 ▎数字を入力するところに英字を入力した

　すると、エラーが発生し、「実行時エラー '13': 型が一致しません。」というダイアログが表示されました。デバッグ(D)ボタンを押すと、エラーの発生した箇所がわかります。

画像 5-4 ▎「実行時エラー '13': 型が一致しません。」というダイアログ

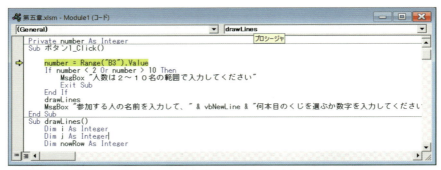

画像 5-5 ▎黄色い矢印でエラーの発生した箇所が示されている

　Integer型でPrivateを付けてモジュールレベル変数として宣言したnumberにRange("B3")の値を入れようとしたところで、実行時エラーが発生しています。単純な入力間違いのたびにプログラムの実行が停止しては困りますね。On Errorステートメントを使うと、エラーをコントロールすることができます（**表 5-1**）。

表 5-1 ▎On Errorステートメントの構文

On Error GoTo 0	エラー処理を無効にします。エラーが発生した行で処理は中断します (On Errorステートメントを定義していない場合はこの状態です)
On Error Resume Next	エラーが発生しても無視して処理を続けます (エラーが発生した次の行から処理を続けます)
On Error Goto ラベル	エラーが発生すると指定したラベル（特定のコードを示す識別子）に処理を移します

　On Errorステートメントの構文は上表の通りです。On Errorステートメントはエラー処理ルーチンを有効にし、エラーが発生したときの処理を指定します。**ルーチン**とは、ある処理を行うひとかたまりのコードです。

　表の下の方から説明します。On Error GoToラベルでは、エラーが発生すると指定した行ラベル（特定のコードを示す識別子）に処理が移ります。On Error Resume Nextでは、エラーが発生するとエラーの発生した次の行から処理を継続します。On Error GoTo 0 はエラー処理ルーチンを無効

にし、処理を止めます。エラー処理をしていないのと同じ状態になります。

リスト 5-1 のコードを On Error GoTo ラベルを使うように直します。**リスト 5-2** のようになります。

リスト 5-2 ▎リスト 5-1 にエラー処理を追加

```
Private number As Integer
Sub ボタン1_Click()
    On Error GoTo inputError
    number = Range("B3").Value
    If number < 2 Or number > 10 Then
        MsgBox "人数は2～10名の範囲で入力してください"
        Exit Sub
    End If
    ' サブプロシージャーをコメントアウト
    ' drawLines
    MsgBox "参加する人の名前を入力して、" & vbNewLine & "何本目のくじを選ぶか数字を入力してください。"
    Exit Sub
inputError:
    MsgBox "人数には数字を入力してください"
End Sub
```

On Error GoTo inputError で、エラーが発生したら、ラベル input Error に処理を移します。ラベルは行の先頭からラベル名を書き、行末にコロン（:）をつけます。inputError ラベルでは、メッセージを出力します。

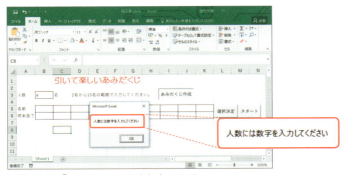

画像 5-6 ▎メッセージが出力された

人数にaと入力し、あみだくじ作成ボタンをクリックすると、「人数には数字を入力してください」と表示されました。OKをクリックして、人数を入力し直すことができます。これで、プログラムの実行が停止するのを避けることができますね。

　ラベルinputErrorの前にExit Subがありますが、これを入力し忘れると、エラーが発生していなくても上から順にコードが実行され最後に「人数には数字を入力してください」と表示されてしまうので気を付けてください。

論理演算子 Or

　リスト5-2のnumber = Range("B3").Valueの箇所を見てください。
　Range("B3")に数字が入力されていたら、次はその値が2以上10以下かを調べます。
　If number < 2 Or number > 10 Thenのif文です。Orは**論理演算子**と言います。Orは「または」を意味します。比較演算子「<」は、左辺が右辺より小さいことを表します。同様に「>」は左辺が右辺より大きいという意味です。なので、number < 2 Or number > 10はnumberが2より小さいか、または10より大きいという意味になります。この条件に一致するときは、メッセージを表示して、Exit Subでサブプロシージャーを抜け出します。
　「または」を意味するOrのことを**論理和**と言います。論理演算子には他に「かつ」の意味のAnd（**論理積**）や「ではない」を意味するNot（**否定**）があり、複数の条件を組み合わせたり、条件を逆転させて指定するために使います。主な論理演算子については、157ページを参照してください。

あみだくじを描く

　あみだくじを描くのはdrawLinesサブプロシージャーです。それを**リスト5-3**に示します。リスト5-2と同じModule1に記述します。
　リスト5-2でコメントアウトされているdrawLinesの前の「'」を削除して、このサブプロシージャーを呼び出すようにしてください。

リスト 5-3 ▎ drawLines サブプロシージャー

```
Sub drawLines()
    Dim i As Integer
    Dim j As Integer
    Dim nowRow As Integer
    
    ' 初期化
    Range("B8:T9").ClearContents      ' Clearは全部を消しますが、
    Range("B5:K6").ClearContents      ' ClearContentsは数式、文字列をクリア
    Range("B10:T69").Interior.ColorIndex = 0
    ' 当たりの消去
    For i = 0 To (10 - 1) * 2 Step 2
        Cells(ROWS + START_ROW, 2 + i).ClearContents
    Next i
    
    '人数分の縦線を引く
    For i = 0 To (number - 1) * 2 Step 2 ─────────────────────────────── ①
        For j = 0 To ROWS - 1
            Cells(START_ROW + j, 2 + i).Interior.ColorIndex = 10
        Next j
    Next i
    '10行単位で横線をランダムに入れていく
    nowRow = START_ROW
    Do While nowRow < ROWS + START_ROW ──────────────────────────────── ②
        Randomize
        For i = 1 To (number - 1) * 2 Step 2 ───────────────────────── ③
            Do
                '1から8の乱数
                j = Int(Rnd() * 8 + 1)
                '隣に横線がないかチェック
                    If Cells(nowRow + j, 2 + i - 2).Interior.ColorIndex <> 10 _  ④
                    And Cells(nowRow + j, 2 + i + 2).Interior.ColorIndex <> 10 Then
                        Cells(nowRow + j, 2 + i).Interior.ColorIndex = 10
                        Exit Do
                    End If
            Loop
        Next i
        nowRow = nowRow + 10
    Loop
End Sub
```

drawLinesサブプロシージャーでは、まず入力欄やあみだくじを描画するセル範囲の初期化をしています。RangeのClearContentsメソッドは数式、文字列をクリアします。
　Range("B10:T69").Interior.ColorIndex = 0はあみだくじの描画部分の背景色を「なし」にします。
　また、drawLinesサブプロシージャーを作成するに先だって、モジュールレベル定数ROWSとSTART_ROWをModule1の先頭に追加しました（**リスト5-4**）。ROWSはあみだくじの行数（縦の長さ）を示します。START_ROWは、あみだくじの描画を開始する行を示します。

リスト5-4 ▎モジュールレベル定数。Module1の先頭に追加する

```
Private Const ROWS As Integer = 60
Private Const START_ROW As Integer = 10
```

　リスト5-3に戻りましょう。Cells(ROWS + START_ROW, 2 + i).ClearContentsはいずれかの縦棒の下に入れる「当たり」という文字列をクリアします。
　❶のForループで縦棒を描きます。numberは参加人数を記憶するモジュールレベル変数です。Forループの増分をStep 2と指定して、一列間隔で縦棒を描いています。セルの背景色のColorIndexに10を代入しているので、あみだくじのセルは緑色になります。
　❷のDo Whileのループで横線（あみだくじの橋の部分）を描きます。nowRowは現在処理している10行のかたまりを示します。縦棒の間に横線を引くために❸のForループではiの値を1から始めています。
　横線を引く処理で重要なところは、Rnd関数を使って乱数を取得して横線を引く行を決めるのですが、Int(Rnd() * 8 + 1)として、1から8の乱数を求めています。最初と最後の行に横線を引くのを避けるためです。また、❹において、隣の列と同じ高さに横線を引かないように左右の隣のColorIndexが10でないことを、左辺と右辺が等しくないことを意味する比較演算子「<>」とAnd演算子を使って確かめています（**図5-2**）。

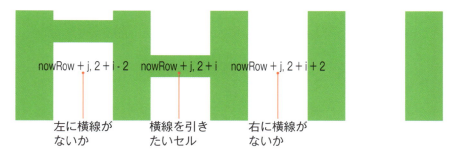

図 5-2 ┃ 同じ高さに横線があるかを確認

　ちなみに、❹の末尾にある「_」は行の継続を示す文字で、アンダーバー（アンダースコア）と言います。一行が長くなりすぎたときに、このコードはまだ続いているのだということを示します。

　drawLinesサブプロシーシャーができたら動かしてみましょう。人数に5を入力してあみだくじ作成ボタンをクリックすると、下の画像のように描画されます。

画像 5-7 ┃ 人数 5 であみだくじを描画（上部）

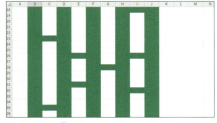

画像 5-8 ┃ 人数 5 であみだくじを描画（下部）

On Error Resume Nextを使う

　あみだくじを描画したら、参加者の名前と何本目のくじを選ぶかを入力してもらい、ボタン2（選択決定）をクリックします。そのコードを書いていきましょう。

画像 5-9 ┃ 名前と何本目を選ぶかを入力して選択決定ボタンをクリックする。
　　　　　そのコードを選択決定ボタンに書く

　ボタン2を右クリックして、マクロの登録(N)でボタンクリック時の処理を記述していきます。コードのひな形がModule2に作成されたら、作成されたコードをModule1にコピー＆ペーストしてから、Module2上でマウスを右クリックして表示されたショートカットメニューの中からModule2の解放を選択してください。

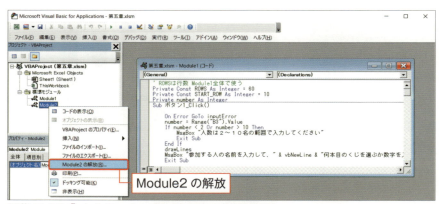

画像 5-10 ┃ 右クリックでModule2の解放を選ぶ

　Module（モジュール）の解放とはプロジェクトエクスプローラに表示されているVBAProjectからモジュールを削除することです。削除時には「削除する前にエクスポートしますか」というダイアログが表示されます。エクスポートするとテキスト形式で保存されるので、後でインポートする（取

り込む）ことができます。ここでは、特にエクスポートする必要はありません。

では、コードを追加しましょう。ボタン2をクリックしたときの処理からもモジュールレベル変数や定数を使いたいので、リスト5-3と同様に標準モジュールModule1にコードを書いていきます（**リスト5-5**）。

リスト5-5 ▍名前を選択したくじの上に表示し、当たりを設定する

```
Sub ボタン2_Click()
    Dim i As Integer
    Dim j As Integer
    
    On Error Resume Next
    ' 人数分の名前が入力されているか
    For i = 0 To number - 1
        If Cells(5, 2 + i).Value = "" Then
            MsgBox "参加する人の名前を入力してください"
            Exit Sub
        End If
    Next i
    ' くじの数字が選ばれているか
    For i = 0 To number - 1
        j = Cells(6, 2 + i).Value
        If j < 1 Or j > number Then
            MsgBox "何本目のくじか数字を入力してください"
            Exit Sub
        End If
    Next i
    'くじの上に名前をコピー
    For i = 0 To number - 1
        j = Cells(6, 2 + i).Value * 2
        Cells(9, j).Value = Cells(5, 2 + i).Value
    Next i
    
    '当たり作成
    j = Int(Rnd() * number + 1) * 2
    Cells(ROWS + START_ROW, j).Value = "当たり"
    
End Sub
```

ボタン2クリック時の処理は、選んだ人の名前をあみだくじの縦棒の上にコピーし、乱数を使って当たりの場所を決めることです。その際、「人数分の名前が入力されているか」と「くじの数字が選ばれているか」をチェックしています。チェック時にエラーが発生しても無視して処理を続けるOn Error Resume Nextを指定しています。

　試しに、数字を入れるところに間違ってyを入力して、選択決定ボタンをクリックしてみましょう。すると、エラーが発生した行の次の行から処理が継続されて「何本目のくじか数字を入力してください」とメッセージボックスが表示されました。

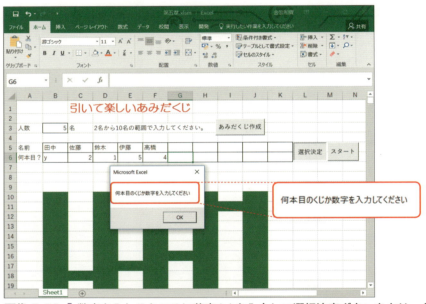

画像 5-11 ▎数字を入れるところに英字(y)を入力して選択決定ボタンをクリック

　Sheet1の行を下方向にスクロールすると、当たりが設定されていることがわかります。

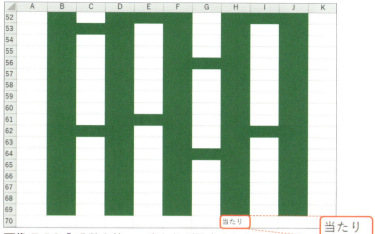

画像 5-12 ▎乱数を使って当たりが設定された

あみだくじをたどる処理

　ボタン３クリック時の処理は、順にあみだくじをたどり、どれが当たりかを判定する処理です。ボタン３を右クリックして、マクロの登録(N)でボタンクリック時の処理を記述していきます。

　このときにコードのひな形がModule2 に作成されたら、ボタン２のときと同様に作成されたコードをModule1 にコピー＆ペーストして、Module2 を解放してください。

　ボタン３クリック時の処理からもモジュールレベル変数や定数を使いたいので、同じ標準モジュール（Module1）にコードを書いていきます（**リスト 5-6**）。

リスト 5-6 ▎あみだくじをたどる処理

```
Sub ボタン3_Click()
    Dim i As Integer
    Dim j As Integer
    Dim nowCol As Integer
```

```
    For i = 0 To (number - 1) * 2 Step 2 ─────────────────────────────────❶
        Cells(9, 2 + i).Select
        nowCol = 2 + i
        For j = 0 To ROWS - 1 ───────────────────────────────────────────❷
            Cells(START_ROW + j, nowCol).Interior.ColorIndex = 3
            ' 右に橋があるなら渡る
            If Cells(START_ROW + j, nowCol + 1).Interior.ColorIndex = 10 Then
                Cells(START_ROW + j, nowCol + 1).Interior.ColorIndex = 3
                Cells(START_ROW + j, nowCol + 2).Interior.ColorIndex = 3
                nowCol = nowCol + 2
            ' 左に橋があるなら渡る
            ElseIf Cells(START_ROW + j, nowCol - 1).Interior.ColorIndex = 10 Then
                Cells(START_ROW + j, nowCol - 1).Interior.ColorIndex = 3
                Cells(START_ROW + j, nowCol - 2).Interior.ColorIndex = 3
                nowCol = nowCol - 2
            End If
        Next j
        If Cells(START_ROW + ROWS, nowCol).Value = "当たり" Then
            Cells(8, 2 + i).Value = "当たり"
            Exit Sub
        End If
        waitTime (5)
        rePaintLines
    Next i
End Sub
Sub waitTime(duration As Single)
    Dim t As Single
    t = Timer()
    Do While (Timer() - t) < duration
    'なにもしない
        DoEvents
    Loop
End Sub
Sub rePaintLines()
    Dim i As Integer
    Dim j As Integer
    Dim nowRow As Integer
    
    For i = 0 To (number - 1) * 2
        For j = 0 To ROWS - 1
```

```
            If Cells(START_ROW + j, 2 + i).Interior.ColorIndex = 3 Then
                Cells(START_ROW + j, 2 + i).Interior.ColorIndex = 10
            End If
        Next j
    Next i
End Sub
```

 ボタン3がクリックされたら、左のくじから順にあみだくじをたどっていきます。

 外側のForループ❶が、参加者の人数分繰り返すループです。内側のForループ❷が一本一本のあみだくじをたどる処理です。順に見ていきましょう。

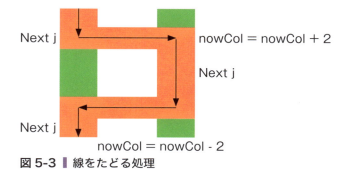

図5-3 線をたどる処理

 まず、自分が現在いる位置の背景色を赤(ColorIndex=3)にします。nowColが自分のいる列を指しています。そして右側に渡れる橋があれば、つまり背景色が緑（ColorIndex = 10）であれば、1つ右側（nowCol + 1）と2つ右側（nowCol + 2）の背景色を赤にします。左側に渡れる橋があれば、その逆をします。Next jで、自分のいる位置を「当たり」方向に1つ進めます。一番下まで、あみだくじをたどったら、セルに「当たり」と記入してあるかどうかを判断します。当たりであれば、名前の上に当たりと表示します。

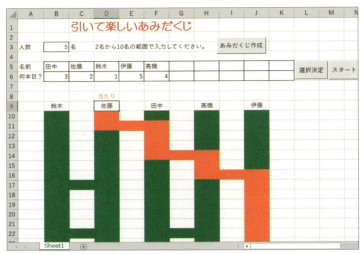

画像 5-13 名前の上に当たりが表示される

　waitTimeサブプロシージャーは引数として渡された秒数の間、なにもしないループを繰り返します。次のあみだくじに進むまで少し時間を空けるためのコードです。第4章で説明したように、DoEvents関数は、OSに制御を渡します。

　rePaintLinesサブプロシージャーは背景色を赤にしたセルの背景色を緑に戻す処理です。これで、順に一本ずつあみだくじをたどっている感じがでます。

初期化処理をサブプロシージャーにしてワークブック・オープン時に呼び出す

　ワークブックをいったん閉じて、改めて開いたときに、何も描画されていない状態で実行できるように初期化処理をサブプロシージャーにして、Workbook_Openイベントで呼び出しましょう。

　drawLinesサブプロシージャーから、ワークシート上の値をクリアする部分、セルの背景色を無色化する部分をinitSheetサブプロシージャーに括り出します（**リスト 5-7**）。initSheetサブプロシージャーもModule1に記述します。

リスト 5-7 ┃ 初期化処理

```
Sub initSheet()
    Dim i As Integer
    ' 初期化
    Range("B8:T9").ClearContents      ' Clearは全部を消しますが、
    Range("B5:K6").ClearContents      ' ClearContentsは数式、文字列をクリア
    Range("B10:T69").Interior.ColorIndex = 0
    ' 当たりの消去
    For i = 0 To (10 - 1) * 2 Step 2
        Cells(ROWS + START_ROW, 2 + i).ClearContents
    Next i
End Sub
```

drawLinesサブプロシージャーはinitSheetサブプロシージャーを呼び出すように変更します (**リスト 5-8**)。

リスト 5-8 ┃ drawLines() 変更後

```
Sub drawLines()
    Dim i As Integer
    Dim j As Integer
    Dim nowRow As Integer

    initSheet
    (以下はリスト 5-3 と同じなので省略)
```

Workbook_Open時は人数を入力するB3セルの内容をクリアして、initSheetサブプロシージャーを呼び出しています (**リスト 5-9**)。これだけはThisWorkbookに記述します。

これで電子あみだくじの完成です。

リスト 5-9 ┃ ワークブック・オープン時の処理 (ThisWorkbook)

```
Private Sub Workbook_Open()
    Sheet1.Range("B3").ClearContents
    initSheet
End Sub
```

第 6 章

百マス計算を作ろう

ユーザーフォームとワークシート関数

本章では、ユーザーフォームを使って、百マス計算を作りましょう。出題や答え合わせといった機能を充実させながら、少し複雑なプログラムに仕上げます。この過程を通してプログラムを作り上げる楽しさを体験しましょう。

　小さく簡単なプログラムを作っているうちは、思いついたことをいきなりプログラミングしても、それなりにプログラムを作成することができます。でも、少し複雑な、機能が多いプログラムを作る場合には、いきなりプログラムを書き出すのではなく、設計という作業が大切になります。いろいろな設計図の書き方がありますが、制御文の説明で使用したフローチャートもプログラムの手順を整理するのには有効な図です。

　しかし、特に図を描く知識を身につけなくても、どんな機能が必要なのか箇条書きにして整理することで、プログラムの仕様を明確にすることができます。プログラムの仕様とは、プログラムが満たさなくてはいけない要求事項のことです。

プログラム設計

　実際にプログラム設計をしてみましょう。まず、思いつく機能を箇条書きにしてみます。

【思いついたこと】
- 答え合わせ機能付きの百マス計算を作る
- 足し算か掛け算かを選べるようにする
- 子供だけでなく大人も遊べるように、1〜10の数字だけでなく1〜

100まで出題するか選べるようにする
・得点と掛かった時間を表示したい
・間違った箇所がわかるようにしたい

　このように思いつく機能を箇条書きにしたら、次はまとめます。箇条書きした項目は、出題機能と答え合わせ機能に分類できそうです。前提としてExcelを使っているので、百マス計算のマスはシート上に作成します。

【出題機能】
・計算は足し算か掛け算かを選べるようにする
・1～10の数字だけでなく1～100まで出すか選べるようにする
・問題は乱数を使って生成する
・掛かった時間を表示したいので、出題したらタイマーで時間を計る
・答え合わせがすぐできるように答えを配列に用意しておく

【答え合わせ機能】
・得点と掛かった時間を表示する
・間違った箇所がわかるようにセルの背景色を赤色にする

　出題機能と答え合わせ機能はそれぞれボタンが押されたら、実行するようにしたらよいでしょう。

画面レイアウトを検討しながら仕様を策定

　大まかな機能はイメージできたので、画面レイアウトを具体的に考えながら、より細かく仕様を決めていきましょう。今回作成する百マス計算には、出題機能と答え合わせ機能があるので、ワークシートの百マス部分の上に、出題ボタンと答え合わせボタンを配置するとよいでしょう。

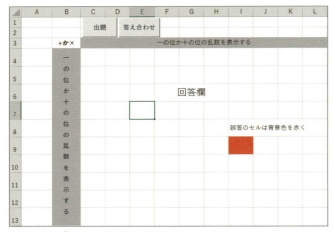

画像 6-1 ▎ 百マス計算ワークシートの画面イメージ

　これに基づいて、よりプログラムの仕様らしくしていきましょう。VBAはイベント駆動で処理が進んでいくので「出題ボタン・クリック時の処理」と「答え合わせボタン・クリック時の処理」、それから初期化処理を「ワークブック・オープン時の処理」として、プログラミングの用語を使ってもっと細かく仕様を書いてみましょう。

【出題ボタン・クリック時の処理】

- 百マスのセル範囲（Range）を初期化（値と背景色）する
- 足し算か掛け算かを選択できるようにする
- 上記の選択により、セルB3に＋か×を代入する
- 「10まで」を指定できるようにする（指定しない場合は100まで）
- セル範囲C3:L3に1〜10、もしくは1から100の範囲の乱数を代入する
- セル範囲B4:B13に1〜10、もしくは1から100の範囲の乱数を代入する
- セル範囲C3:L3とセル範囲B4:B13の加算、もしくは乗算結果を二次元配列に代入する
- 出題を終えたら、タイマー値を変数に記憶する

百マス計算の答えの欄は行と列で構成される二次元なので、答えを二次元配列に用意しておきます。また、足し算か掛け算かの選択と10までの選択にはユーザーフォームを使います。

　ユーザーフォームは、自由に作成できるダイアログボックスのような画面で、これを使うと高機能な入力画面を作成することができます。

【答え合わせボタン・クリック時の処理】
・タイマー値を取得し、出題時に記憶したタイマー値との差で経過時間を求める
・計算結果を二次元配列の値と比較し、合っていれば得点を加算し、違っていれば背景色を赤色にする
・得点と経過時間を表示する

　得点と経過時間の表示にはメッセージボックスを使います。簡単な値の表示にはメッセージボックスが向いています。

【ワークブック・オープン時の処理】
・百マスのセル範囲（Range）を初期化（値と背景色）する

　ワークブック・オープン時の処理は、一度、百マス計算をした後に再度、ワークブックを開いたときに、百マスのセル範囲を初期化することです。

　ここまで詳細に仕様をまとめると、迷いなくプログラミングを始めることができます。

ユーザーフォームを作る

　画面まわりからプログラミングを始めましょう。次ページの画像のように、罫線と出題ボタン、答え合わせボタンを配置します。各マスのフォントサイズを14ぐらいの大きさにします。行の高さも、少し高くします。

それができたら、開発メニューからVisual Basicアイコンをクリックします。

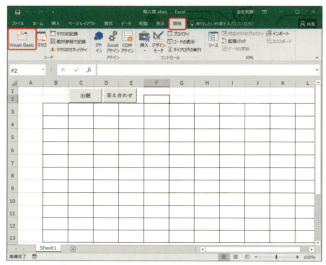

画像 6-2 罫線と出題ボタン、答え合わせボタンを配置してから、開発メニューのVisual Basicアイコンをクリック

　Visual Basicアイコンをクリックすると、Visual Basic Editor(VBE)が起動します。続いて、挿入(I)メニューからユーザーフォーム(U)を選びます。

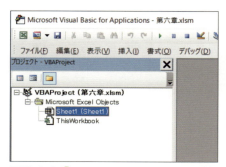

画像 6-3 Visual Basic Editorが起動

画像 6-4 挿入メニューからユーザーフォームを選択

　すると、ユーザーフォームが追加されます。このユーザーフォームにツールボックスから、コントロールを配置していきます。

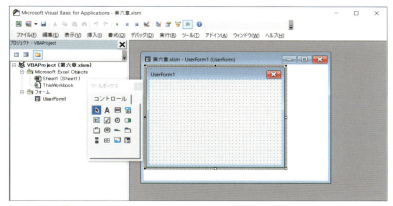

画像 6-5 ユーザーフォームが追加された

コントロールとはユーザーフォーム上で利用することができる部品です。代表的なコントロールを表 6-1 に示します。

表 6-1 よく使うコントロール

コントロール	用途
ラベル	テキスト（文字列）の表示
テキストボックス	データの入力
リストボックス	複数の文字列を一覧表示して、選択する
コンボボックス	データの入力やデータの選択（テキストボックスとリストボックスの組み合わせ）
チェックボックス	二つの状態（真、偽）を切り替える
オプションボタン	フレームと組み合わせて、複数の選択肢から一つを選択する
コマンドボタン	VBA で書いた処理の実行
イメージ	画像の表示

今回は、足し算か掛け算かをオプションボタンで選択できるようにします。出題する数字の範囲を 10 までにするかどうかはチェックボックスで指定できるようにします。また、ボタンが押されたら出題するようにしたいので、コマンドボタンも使用します。

それにはまず、プロパティウィンドウで作成したユーザーフォームの

オブジェクト名とCaptionを設定します。もし、プロパティウィンドウが表示されていない場合は、表示(V)メニューからプロパティウィンドウ(W)を選んで表示してください。

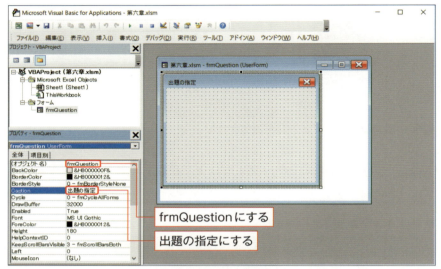

画像 6-6 ユーザーフォームのプロパティを設定

　オブジェクト名は「frmQuestion」とします。プログラムからユーザーフォームを操作するときはこのオブジェクト名を使用します。Captionには「出題の指定」と入力します。Captionはユーザーフォームのタイトルです。

　足し算と掛け算はどちらか一方を選べるようにしたいので、フレームの中にオプションボタンを二つ配置します。

　ツールボックスから、フレームを選択して配置し、そのCaptionに「計算」と入力しました。このフレームの中にオプションボタンを二つ配置します。

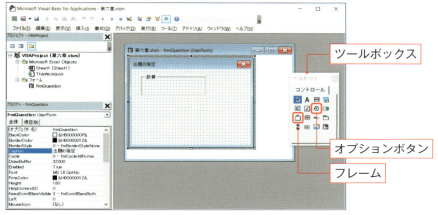

画像 6-7 ▎フレームを配置しCaptionを設定

フレームにオプションボタンを二つ配置し、**表 6-2** のようにそれぞれのプロパティに入力します。フォントサイズは 11 にしています。

表 6-2 ▎オプションボタンの設定

プロパティ	入力値	
オブジェクト名	optPlus	optMul
Caption	足し算	掛け算
Value	True	False

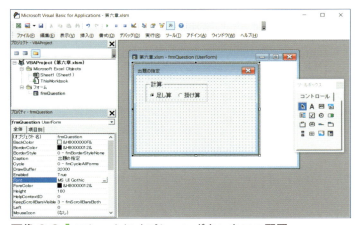

画像 6-8 ▎フレームにオプションボタンを二つ配置

下の画像は、フレームにオプションボタンを二つ配置したユーザーフォームを実行してみたところです。

画像 6-9 ｜ フレームにオプションボタンを二つ配置したユーザーフォームの実行イメージ

　フレームにオプションボタンを複数配置するとフレーム内で択一になります。つまり、どちらか一方をオン（True）にすると、もう一方は自動的にオフ（False）なります。特にコードを書かなくても複数のオプションから、一つを選択するという指定の仕方が実現できます。
　ちなみに、このユーザーフォームの場合、他にオプションボタンがないので、フレームを使わないで、ユーザーフォームに直接、オプションボタンを配置しても同様の結果になります。

　次にチェックボックスとコマンドボタンを配置します。
　チェックボックスは一つでチェックがついているオン（True）の状態とチェックがついていないオフ（False）の状態を示します。オブジェクト名に「chkPos」を、Captionに「10 まで」と入力しました。このチェックボックスにチェックがついている場合は 10 までしか出題しないことにします。
　コマンドボタンのオブジェクト名は「btnOK」、Captionには「OK」と入力します。どちらもフォントサイズは 11 にしました。

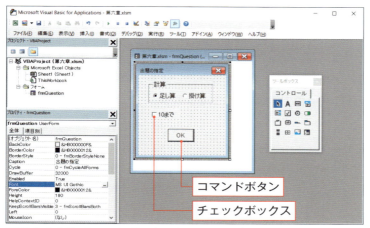

画像 6-10 チェックボックスとコマンドボタンを配置した

では、コードの説明に進みましょう。以下に**リスト 6-1** を示します。

リスト 6-1 ユーザーフォームを表示する(Sheet1 の出題ボタンがボタン 1 であるとする)

```
Sub ボタン1_Click()
    frmQuestion.Show
End Sub
```

リスト 6-1 は標準モジュール(Module1)に記述した Sheet1 の出題ボタンが押されたときの処理です。ユーザーフォームオブジェクトの Show メソッドで以下のようにユーザーフォームを表示します。

画像 6-11 ユーザーフォームを表示した

Sheet1の出題ボタンをクリックして、ユーザーフォームを表示してみたところです。ワークシートの上にフォームが表示されます。

閉じる(x)ボタンをクリックして、ユーザーフォームをいったん閉じて、ユーザーフォームのコードを書いていきましょう。OKボタンが押されたときの処理を書きたいので、OKボタンをダブルクリックします。

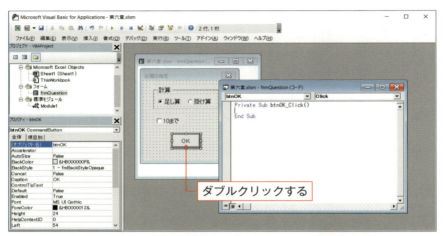

画像 6-12 ▍ Private Sub btnOK_Click() ～ End Subが表示された

　フォームモジュールが開きました。自動挿入されたPrivate Sub btnOK_Click()とEnd Subの間にOKボタンがクリックされたときの処理を書いていきます（**リスト 6-2**）。

　これはプログラム設計全般に関することですが、フォームモジュールには、ユーザーフォームに関係することだけを書いて、ワークシートに関する処理や複雑なコードは標準モジュールに書いた方が、わかりやすくプログラムを書くことができます。見通しのよいプログラム（読みやすく、わかりやすいプログラム）にするために、操作に関することと処理に関することを、きちんと分けて書くようにしましょう。

リスト 6-2 ▎OKボタン・クリック時の処理（frmQuestionのコード）

```
Private Sub btnOK_Click()
    Dim limit As Integer
    
    If chkPos.Value = True Then
        limit = 10
    Else
        limit = 100
    End If
    setQuestion optPlus.Value, limit
    ' Callステートメントを明記する書き方
    'Call setQuestion(optPlus.Value, limit)
    
    Me.Hide
End Sub
```

　変数limitは百マス計算の出題行と列に代入する値の最大値です。チェックボックスchkPosの値（Value）がTrueのとき、limitに10を入れ、そうでないときは100を代入しています。

　次の「setQuestion optPlus.Value, limit」は、標準モジュールModule1に記述したサブプロシージャー setQuestionを呼び出すコードです。引数としてオプションボタン optPlusの値（Value）とlimitを渡しています。足し算が選ばれている（黒丸が付いている）ときoptPlus.ValueはTrueで、黒丸が付いていないときはFalseです。

Callステートメント

　サブプロシージャーの呼び出しには、Callステートメントを明記する書き方があります。
　引数のないサブプロシージャーだと、

```
Call サブプロシージャー名
```

引数のあるサブプロシージャーだと、

```
Call サブプロシージャー名(引数)
```

と記述します。
　これまで、サブプロシージャーの呼び出しは

```
サブプロシージャー名
```

とサブプロシージャー名だけを書いていました。これはCallステートメントが省略可能だからです。引数のあるサブプロシージャーは

```
setQuestion optPlus.Value, limit
```

と記述します。
　これをCallステートメントで書くと、

```
Call setQuestion(optPlus.Value, limit)
```

となります。
　サブプロシージャー名だけを記述するサブプロシージャー呼び出しは、それがサブプロシージャー名であることがわかりにくいので、必ずCallステートメントを記述すべきだという意見を聞くこともあります。仕事などで、チームでプログラムを作成する場合は、細かくルールを決めておいた方がよいのでしょうが、本書はプログラミングの楽しさを感じてもらうための本なので、あまり細かいことにはこだわらないことにします。
　また、リスト6-2のMe.Hideは、表示したユーザーフォーム自身を非表示にします。

出題をするsetQuestionサブプロシージャー

では、百マス計算の出題をするsetQuestionサブプロシージャーを見ていきましょう（**リスト6-3**）。

リスト6-3 ▍ Module1の出題部分（setQuestionサブプロシージャー）

```
Dim ansAry(1 To 10, 1 To 10) As Integer
Dim stTime As Single

Sub setQuestion(optPlus As Boolean, limit As Integer)
    Dim i As Integer
    Dim j As Integer
    Dim sheetObj As Worksheet
    
    initSheet
    ' オブジェクト変数へのオブジェクトの代入はset
    Set sheetObj = ThisWorkbook.Worksheets("Sheet1")
    
    If optPlus = True Then
        sheetObj.Range("B3").Value = "＋"
    Else
        sheetObj.Range("B3").Value = "×"
    End If
    
    ' row
    Randomize
    For i = 1 To 10
        ' 以降はコードが長くなるのでValueを省略
        sheetObj.Cells(3, i + 2) = Int(Rnd() * limit + 1)
    Next i
    
    If optPlus = False Then
        limit = 10
    End If
    ' col
    Randomize
    With sheetObj
        For i = 1 To 10
```

```
            .Cells(i + 3, 2) = Int(Rnd() * limit + 1)
        Next i
    End With
    setAnswer (optPlus)
    stTime = Timer()
End Sub
Sub initSheet()
    Worksheets("Sheet1").Range("B3:L13").Value = ""
    Worksheets("Sheet1").Range("B3:L13").Interior.ColorIndex = 0
End Sub
Sub setAnswer(optPlus As Boolean)
    Dim i As Integer
    Dim j As Integer
    Dim sheetObj As Worksheet
    
    ' オブジェクト変数へのオブジェクトの代入はset
    Set sheetObj = ThisWorkbook.Worksheets("Sheet1")
    '2次元配列へ答えを代入
    With sheetObj
        For i = 1 To 10
            For j = 1 To 10
                'ウォッチ式を追加して2次元配列の内容を確認する
                If optPlus Then
                    ansAry(i, j) = .Cells(i + 3, 2) + .Cells(3, j + 2)
                Else
                    ansAry(i, j) = .Cells(i + 3, 2) * .Cells(3, j + 2)
                End If
            Next j
        Next i
    End With

End Sub
```

　まず、モジュールレベル変数として、答えを入れる二次元配列ansAryを宣言します。配列については、第4章で説明しましたね。本章では、二次元配列をワークシートの行と列との比較で理解してもらおうと思います。

　Dim ansAry(1 To 10, 1 To 10) As Integerと宣言しているのでIntegerが10個入る配列を10個用意します。つまり10 X 10で100マスで

す。Dim stTime As Singleはタイマー値として取得した開始時間を記憶するための変数です。

setQuestionはBoolean（ブール型）のoptPlusとInteger型の引数limitを受け取ります。ブール型とはTrue（真）とFalse（偽）の2値を記憶するデータ型です。

オブジェクト変数

VBAには、これまで見てきた変数に加え、オブジェクト変数というものがあります。オブジェクト変数はWorksheetやRangeオブジェクトを入れるための変数です。

Dim sheetObj As Worksheetでオブジェクト変数sheetObjを宣言しています。

Set sheetObj = ThisWorkbook.Worksheets("Sheet1")でsheetObj変数にこのワークブックのSheet1ワークシートオブジェクトを入れています。このようにオブジェクト変数にはSetステートメントを使ってオブジェクトを代入します。

その前に呼び出しているinitSheetは百マス計算の問題、回答部分を初期化するサブプロシージャーです。

次にoptPlusがTrueかFalseによって、セルB3に＋か×の記号を入れています。実行結果と照らし合わせながら理解していきましょう。

画像6-13 足し算で10までにチェックを付けない場合

たとえば、足し算を選び10までにチェックを付けないでOKボタンをクリックした場合です。

![画像6-14 出題したところ（B3に＋記号が入る）]

画像6-14 ▍出題したところ（B3に＋記号が入る）

　optPlusがTrueなので、セルB3には＋記号が入ります。
　続くRandomizeは乱数の初期化です。Rnd関数の前にRandomizeが必要な理由は第4章を参照してください。
　sheetObj.Cells(3, i + 2)にiの値を1から10まで変化させながら、Int(Rnd() * limit + 1)を代入していきます。この例ではlimitは100ですから、1～100の間の乱数が3行目の3列（C列）から12列（L列）まで入っていきます。
　さて、これまでセルに値を入れるときは、Cells(行,列).Value = 値とValueプロパティを指定していましたが、Valueはデフォルトプロパティ（既定のプロパティ）なので省略できます。VBAの場合、一行のコードが長くなりがちなので、省略できるものは省略した方がよいかもしれません。
　次にoptPlusがFalseだったら、つまり掛け算だったら、limitを10にしています。この後、B列に問題となる数値を入れていくのですが、掛け算の場合、2桁同士の掛け算はかなり難しいのでB列の値は10までにし

ます。今回の例は足し算ですので、limitは100のまま、次のRandomizeに進みます。

次行ではWithステートメントにオブジェクト変数sheetObjを指定しています。このようにWithを使うと.Cells(i + 3, 2)で、sheetObjのCells(i + 3, 2)を指定することができます。iの値を1から10まで変化させることで、2列目（B列）の4行目から13行目までに乱数を入れていきます。

setAnswerサブプロシージャーは答えをansAryに入れます。stTime = Timer()でタイマー値を開始時間として記憶します。

setAnswerの説明に進みます。setAnswerサブプロシージャーでも、オブジェクト変数にワークシートを代入し、Withを使って修飾しています。ansAry(i, j)に足し算か掛け算の結果を入れていきます。.Cells(i + 3, 2)がセルB4からB13の値を取得し、.Cells(3, j + 2)がセルC3からL3の値を取得します。二次元配列はこのコードのように、For文を入れ子にして扱います。

ウォッチ式で2次元配列の中身を確認する

プログラミングという作業そのものは楽しいものですが、**プログラムを作成したら、自分の考えた通りに動くかどうかテストしなくてはいけません**。うまく動作しなくて、その原因がなかなかわからなかったら、テストは根気のいる苦しいものになってしまいます。それを避けるためには、少しずつテストするようにしましょう。

プログラム作成中に意図通りにプログラムが書けているかをチェックすることができます。二次元配列に正しく計算結果が入っているか確認しましょう。それには、VBEのウォッチ機能を使います。

ウォッチウィンドウを表示するには、表示(V)メニューからウォッチウィンドウ(H)を選びます。

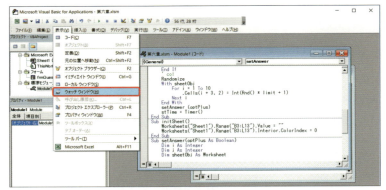

画像 6-15 ｜ ウォッチウィンドウを表示する

　ウォッチウィンドウが表示されたら、ウォッチしたい変数をダブルクリックなどで選び、その状態で右クリックします。右クリックして表示されたメニューの中から、ウォッチ式の追加 (A) を選びます。

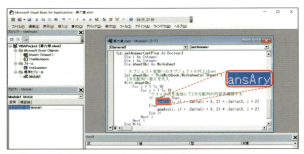

画像 6-16 ｜ ウォッチしたい変数を選ぶ

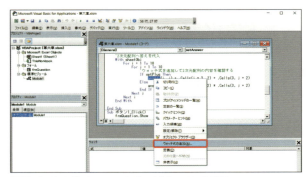

画像 6-17 ｜ ウォッチ式の追加 (A) を選ぶ

式にansAryが表示されていることを確認して、OKボタンを押します。

画像6-18 ウォッチ式の追加

ウォッチウィンドウにansAryが追加されました。

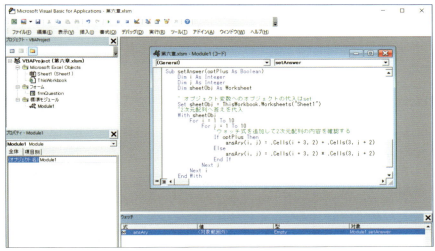

画像6-19 ウォッチウィンドウにansAryが追加された

次にブレークポイントを設定します。ブレークポイントとはプログラムの実行をいったん停止する場所です。

setAnswerサブプロシージャーで二次元配列ansAryに答えを入れ終わったところで止めたいので、End Withにブレークポイントを設定します。ブレークポイントの設定は簡単です。ブレークポイントとしたい行の左端をクリックするだけで、赤い丸が付いてブレークポイントが設定されます。

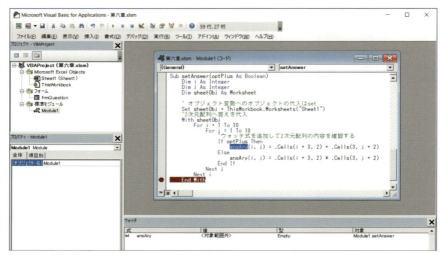

画像 6-20 ブレークポイントの設定

　ワークシート Sheet1 の出題ボタンをクリックして出題部分のコードを実行させましょう。

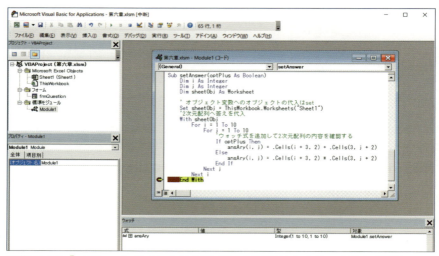

画像 6-21 ブレークポイントでプログラム実行が止まる。赤色に実行している行を示す黄色が重なっている

　ブレークポイントでプログラム実行が止まりました。ウォッチウィンド

ウのansAryの前の＋記号をクリックします。　Integerの値を1から10の10個入れる配列が10個作成されていることが確認できます。

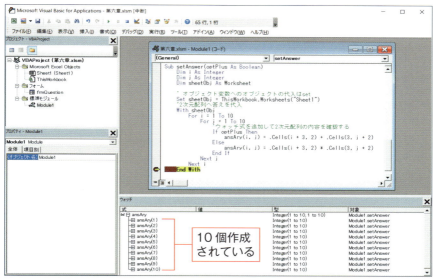

画像 6-22 ansAryが考え通りに作成されている

ansAry(1)の前の＋記号をクリックして、値を確認します。次ページに示す例では、41、104、87……と並んでいますね。

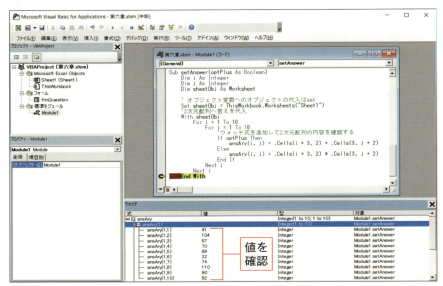

画像 6-23 ansAry(1)の中身を見る

　Sheet1 の問題と見比べてみましょう。21+20=41、21+83=104、21+66=87 と二次元配列に入れた値が合っていることがわかります。

画像 6-24 Sheet1 の問題と見比べる

　ブレークポイントでいったん停止したプログラムはツールバーの三角のボタンを押して、動作を継続することができます。四角のボタンを押すとリセットして、終了します。

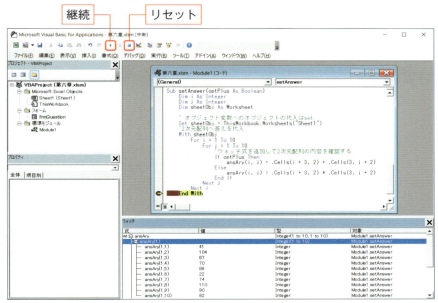

画像 6-25 ツールバーの三角のボタンで継続、四角のボタンでリセット

　このようにプログラムの作成途中であっても、よくわからない部分を見つけたら、ウォッチ機能やブレークポイントを使って、動作を確認することができるのもVBEのよいところです。

答え合わせ処理を作る

　答え合わせ処理を作っていきましょう。答え合わせボタン（ボタン2）クリック時の処理です。
　これまでの章でやっていたようにボタンを右クリックして、マクロの登録(N)を選び、新規作成(N)でマクロを作成します。

画像 6-26 答え合わせボタンを右クリックしてマクロの登録を選択

画像 6-27 マクロの新規作成

　すると、Module2 が作成されて、そこに Sub ボタン2_Click() から End Sub までが記述されるかと思いますが、今回は標準モジュールのコードはすべて Module1 に記述したいので、自動作成されたコードを選択してカット＆ペーストで（もしくは、編集メニューから、切り取り (T)、貼り付け (P) で Module1 に移動させます。なぜかというと、モジュールレベル変数である ansAry と stTime を答え合わせ処理でも使いたいからです。

　作成された標準モジュールは解放して、削除しておきましょう。Module2 を右クリックして、Module2 の解放を選びます。内容をエクスポートするか聞いてきますが、何も入力されていないので、「いいえ」を選びます。

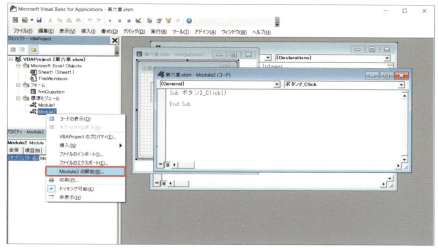

画像 6-28 ▎ Module2 の解放

ボタン 2_Click のコード

ボタン 2_Click のコードを見ていきましょう。**リスト 6-4** に示します。

リスト 6-4 ▎ Module1 の答え合わせ部分

```
Sub ボタン2_Click()
    Dim elTime As Single
    Dim min As Long
    Dim second As Long
    Dim point As Integer
    
    elTime = Timer() - stTime
    second = Round(elTime, 0)
    min = Int(second / 60)
    point = checking()
    
    MsgBox "点数は" & point & "点" & vbNewLine & "所要時間は" & min & "分" & Format((second - min * 60), "00") & " 秒です。"

End Sub
Private Function checking() As Integer
```

```vb
    Dim sheetObj As Worksheet
    Dim i As Integer
    Dim j As Integer
    Dim point As Integer
    point = 0
    ' オブジェクト変数へのオブジェクトの代入はset
    Set sheetObj = ThisWorkbook.Worksheets("Sheet1")
    With sheetObj
        For i = 1 To 10
            For j = 1 To 10
                If ansAry(i, j) = .Cells(i + 3, j + 2) Then
                    point = point + 1
                Else
                    .Cells(i + 3, j + 2).Interior.ColorIndex = 3
                End If
            Next j
        Next i
    End With

    checking = point
End Function
```

　elTimeに現在のタイマー値と出題終了時に記憶したstTimeの差で経過時間を求めます。次のRound関数で小数部を丸めます。Round関数の引数は数値、丸める桁 (小数点以下の桁数) です。ですから、これで秒数が変数secondに求まります。次にsecondを60で割ってInt関数で整数部だけを取得します。Int関数は引数として渡された数値の整数部だけを返します。これで分が変数minに求まります。

　ユーザー定義関数であるcheckingは得点をInteger型で返します。checkingの内容を見る前に、得点と経過時間をメッセージボックスに表示するコードについて説明します。

　得点と経過時間を一行に表示すると長いので「得点は○○点」のあとで改行するためにvbNewLineを＆で結合しています。vbNewLineはVBAに用意されている定数で改行を表す値です。経過時間の秒はsecond - min * 60で分の余りとして秒を求めています。Format関数は値を書式化して返

します。引数は値、書式です。ここでは書式に"00"を指定して、秒数を2桁で表示します。

checking関数に進みましょう。変数pointにはansAry(i, j)とCells(i + 3, j + 2)が等しいときに得点を加算します。i=1、j=1のとき、Cells(i + 3, j + 2)はCells(4,3)なので4行、C列を指します。jに1を加算するたびに横に移動し、iに1を加算すれば縦に移動します(図6-1)。

	j	1		2	3	4	5	6	7	8	9	10
i	+	5		17	71	83	97	94	6	4	79	47
1	66	ansAry(i, j) = Cells(i + 3, j + 2)										
2	63											
3	9											
4	55											
5	86											
6	33											
7	40											
8	66											
9	66											
10	81											

図 6-1 ▏答え欄と二次元配列の対応

そして、ansAry(i,j)にも同じ順序で答えが入っているので、簡単に答え合わせができます。答えが間違っているときは、Interior.ColorIndex = 3で背景色を赤色にします。

checking = pointと関数名にpointを代入することで戻り値にすることができます。

ワークブック・オープン時の処理はinitSheetサブプロシージャを呼び出すことです。リスト6-5に示します。

リスト 6-5 ▏ワークブック・オープン時の処理 (ThisWorkbook)

```
Private Sub Workbook_Open()
    initSheet
End Sub
```

では、プログラムを実行してみましょう。10までの掛け算を指定して、OKボタンをクリックします。

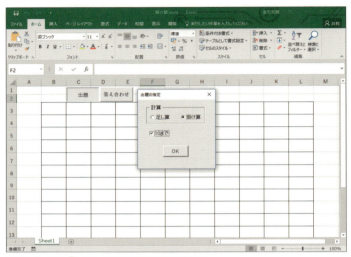

画像 6-29 ┃ 10までの掛け算を指定

　10までの掛け算が出題されます。

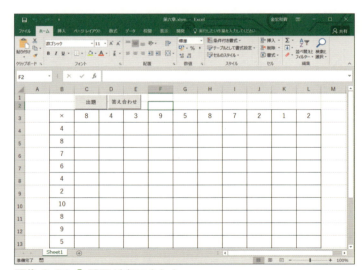

画像 6-30 ┃ 問題が表示された

答え合わせボタンをクリックすると、点数と所要時間が表示されました。間違ったマス目は背景色が赤くなっています。

画像 6-31 ┃ 答え合わせをした

レビューする

プログラムを作成してテストもうまくいきました。これで「めでたし、めでたし」で終わるのではなく、レビューをしましょう。**レビューとはプログラムが仕様通りに作成されているかやどこか無駄な部分はないかなどを調べて評価すること**です。仕事のときはレビュー項目を決めてやりますが、個人の楽しみでプログラム作っている場合は、「本当にこれで問題ないかと見直す」ぐらいの感覚で良いと思います。

この百マス計算プログラムをレビューすると、10 までとした場合に行にも列にも出題がかなり重複することが残念な点としてあげられます。重複が多いと、Excel の操作に慣れた人なら、コピー&ペーストで簡単に答えられてしまうというのは、やはり欠点です。100 まで出題する場合は適当に数値がばらけてくれるので問題ないようです。

ワークシート関数Rankを使って出題を重複しないようにする

　Rnd関数は細かい浮動小数点を返してくれるので、Rnd関数の戻り値そのものが重複することは考えにくいです。Rnd関数の戻り値を1から10の整数にする段階で重複が発生します。10個のRnd関数の戻り値に1から10の順位を付けて重複しないようにできればと思うのですが、VBAの関数にそんな機能を持ったものはないので難しそうです。

　でも、ワークシート関数には、Rankという関数があり、Rank(数値,範囲)と引数を渡すと、範囲の数値の大きい順に1、2、3…とランクを付けてくれます。

　ワークシート関数は第3章で使いましたね。VBAのプログラムの中からもワークシート関数を呼び出すことができます。setQuestionサブプロシージャーを書き換えてみましょう（**リスト6-6**）。

リスト6-6 ▎10までのとき重複しないように改良したsetQuestion

```
Sub setQuestion(optPlus As Boolean, limit As Integer)
    Dim i As Integer
    Dim sheetObj As Worksheet
    Dim rangeObj As Range
    ' オブジェクト変数へのオブジェクトの代入はset
    Set sheetObj = ThisWorkbook.Worksheets("Sheet1")
    
    initSheet
    
    If optPlus = True Then
        ' sheet1.とも書けるけれど
        sheetObj.Range("B3").Value = "＋"
    Else
        sheetObj.Range("B3").Value = "×"
    End If
    
    ' row
    Set rangeObj = Range("C2:L2")
    Randomize
    With sheetObj
```

```
            ' 以降はコードが長くなるのでValueを省略
            If limit > 10 Then
                For i = 1 To 10
                    sheetObj.Cells(3, i + 2) = Int(Rnd() * limit + 1)
                Next i
            Else
                For i = 1 To 10
                    .Cells(2, i + 2) = Rnd()                          ―①
                Next i
                For i = 1 To 10
                    .Cells(3, i + 2) = Application.WorksheetFunction.
Rank(.Cells(2, i + 2), rangeObj)                                      ―②
                Next i
            End If
        End With
        
        If optPlus = False Then
            limit = 10
        End If
        ' col
        Set rangeObj = Range("A4:A13")
        Randomize
        With sheetObj
            If limit > 10 Then
                For i = 1 To 10
                    .Cells(i + 3, 2) = Int(Rnd() * limit + 1)
                Next i
            Else
                For i = 1 To 10                                       ―③
                    .Cells(i + 3, 1) = Rnd()
                Next i
                For i = 1 To 10
                    .Cells(i + 3, 2) = Application.WorksheetFunction.
Rank(.Cells(i + 3, 1), rangeObj)
                Next i
            End If
        End With
        setAnswer (optPlus)
        stTime = Timer()

End Sub
```

❶の行でRnd関数の戻り値を2行目に代入します。

　❷の行でApplication.WorksheetFunction.Rankと、ワークシート関数Rankを呼び出しています。引数は2行目の乱数とRangeオブジェクト変数rangeObjです。rangeObjはC2:L2の範囲を示します。これで3行目の各セルに2行目の乱数のC2:L2範囲でのランクが入ります。

　B列に対しても❸以降で同様の処理をします。

　このようにワークシート関数Rankを使えば簡単に10個の乱数を1から10の順位にすることができます。Excelのワークシート関数には高機能な関数も多いので、いろいろなことができそうですね。

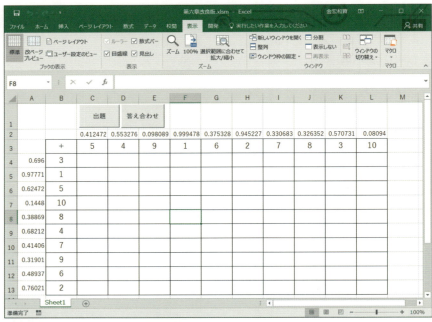

画像 6-32 ┃ 10個の乱数を順位にした

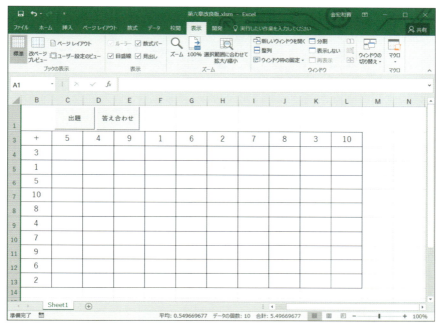

画像 6-33 乱数の部分を非表示にする

　実行するときは2行目とA列を非表示にすれば見た目も問題ありません。行や列を選択して、右クリックで表示されるメニューから非表示を選ぶと非表示になります。その行や列を含む複数の行や列を選択して、右クリックで表示されるメニューから再表示を選ぶと、非表示にした行が再表示されます。

　また、上の画像では、2行目にRnd関数の戻り値を入れるため、1行目の高さを広げて、ボタンが1行目に収まるようにしています。

　以上で、百マス計算のプログラムは完成です。第6章では、仕様の策定からはじまり、ユーザーフォームの作成、コードの記述、テスト、レビューというように、プログラム開発における一連の流れをこなしてきました。プログラミングといってもプログラムを作るだけじゃないことがおわかりいただけたでしょうか。

第 7 章

万年カレンダーを作ろう

自分で考えてコードを書く

最終章である本章は、この本の「卒業検定」です。といっても、身構える必要はありません。万年カレンダーのプログラムの仕様を「自分で」考えて、画面の構成も「自分で」考えて、そして、どんなコードにするかも「自分で」考えて、作っていきましょう。

　プログラミングというのは、どれだけ本を読んだり、誰かに教えもらったりしても、結局は自分でコードを書いて、意図通りに動くかどうかをテストしていかないと身につきません。もちろん、本で学んだりウェブサイトで「より効率の良い方法」や「もっと安全な方法」などについて情報を収集したりするのは大事なことです。

　でも、プログラミングは机上の学問ではないので、ただ勉強しているだけではダメです。実際に自分で考えて作ってみることがプログラミングを習得する一番の近道なのです。

　ですから、本章ではプログラムの仕様を考えるページ、画面の構成を考えるページ、プログラムの構成を考えるページを設けます。実際に考えて書き込んだりしたあなたの考えと筆者の考えを比べてください。プログラミングには唯一の正解というものはありません。まずは、自由に考えてみてください。

万年カレンダーの仕様を考える

　カレンダーといってもいろいろありますね。週間カレンダー、月間カレンダー、年間カレンダーなどが考えられます。ここでは月間カレンダーを作ることにしましょう。

　では、万年カレンダーの仕様を考えてください。万年カレンダーだから、

どの月のカレンダーでも作れるようにしなくてはなりません。また、作った月間カレンダーはどんなふうに使うのでしょうか？
　使う人の立場になって要求事項を整理してみましょう。

書き込み欄：万年カレンダーの仕様を考えよう

さて、みなさんはどのように考えられたでしょうか。筆者の考えた仕様は次のようなものです。

> 【著者の考えた仕様】
> 1. 年と月を指定してカレンダーを作る
> 2. A4横サイズで印刷できるように作る
> 3. 日曜始まりか月曜始まりかを選べるようにする
> 4. 土曜日は青く、日曜日は赤く表示する

年と月を指定して月間カレンダーを作ります。作成したカレンダーはA4用紙に横向きで印刷できるようにします。

また、週は日曜日から始まるので伝統的なカレンダーは日曜始まりのことが多いようですが、会社や学校の予定を書き込むには月曜始まりの方が好都合だったりします。そのため、月曜始まりを選べるようにしましょう。

それから、やはり土曜日は青く、日曜日は赤くしましょう。その方が、明るい気持ちになりますからね。

画面の構成を考える

次に、画面の構成を考えましょう。年月や月曜始まりの指定にはユーザーフォームを使うことにします。月間カレンダーはワークシート（Sheet1）に描画します。

ユーザーフォームと月間カレンダーのワークシートのデザインをラフでよいので、スケッチしてみましょう。

書き込み欄：ユーザーフォームとワークシートのデザインを考えよう

さて、どんなふうにユーザーフォームとカレンダーシート（カレンダーのワークシートのことです）をデザインされたでしょうか。

　では、筆者が考えたユーザーフォームとカレンダーのワークシートを紹介しましょう。

　まずは、ユーザーフォームを見てください。

画像 7-1 ▌万年カレンダーのユーザーフォーム

画像 7-2 ▌ユーザーフォームを実行したところ

　ユーザーフォームでは、年と月にコンボボックスコントロールを使いました。年、月を入力、選択するのですから、これまで使ったことのあるテキストボックス、リストボックスでも構わないのですが、コンボボックスには次のようなおもしろい特徴があります。

テキストボックス、リストボックスとコンボボックスの違い

　テキストボックスは入力だけ、リストボックスは選択だけしかできません。しかし、コンボボックスは選択と入力の両方が可能です。また、リストボックスのように選択だけしかできないように設定することができます。

表 7-1 ▍コントロールの設定

オブジェクト名	機能	Style	Value
cboYear	年の選択と入力	fmStyleDropDownCombo	
cboMonth	月の選択	fmStyleDropDownList	
chkMonday	月曜始まりを指定		True
btnOK	カレンダーを作成する		

　表 7-1 のように、cboYear と cboMonth というオブジェクト名でコンボックスを配置しました。万年カレンダーですから、理屈上、30 年後や 40 年後の年が指定されてもカレンダーを作成できないといけませんね。でも、選択リストとしての年が何十年分も表示されると逆に選びづらくなってしまいます。

　選択リストとしての年は次ページのリスト 7-1 の❷のようにコードで与えるのですが、選択リストとして用意するのは 10 年分くらいにして、それ以外は手入力してもらう方が都合がよいでしょう。

　それに対して、月は 1 から 12 に決まっていますのでリスト 1 の❶のように全部追加して、リストから選択しかできないようにした方が好都合です。入力間違いのチェックが不要になりますからね。

リスト 7-1 ユーザーフォームのコードの一部

```
Private Sub UserForm_Initialize()
    Dim i As Integer
    For i = 1 To 12
        cboMonth.AddItem i                                              ❶
    Next i
    For i = 2017 To 2017 + 10
        cboYear.AddItem i                                               ❷
    Next i
End Sub
```

　コンボボックスはStyleプロパティを指定することで選択と入力兼用（fmStyleDropDownCombo）にすることや選択専用（fmStyleDropDownList）にすることが可能です。

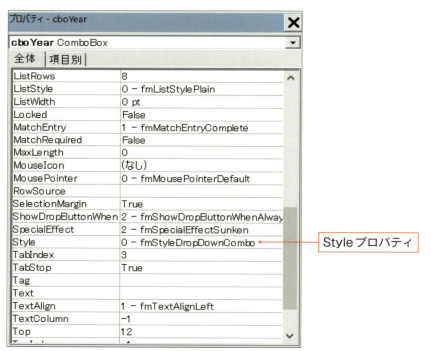

画像 7-3 プロパティで機能を選択できる。ここではcboYearに入力兼用のfmStyleDropDownComboを指定している

コンボックスの他には、月曜始まりを指定するチェックボックスとカレンダーの作成を開始するOKボタンを配置しました（138ページの画像7-1）。

続いて、カレンダーのワークシート（カレンダーシート）を示します。

画像 7-4 ▎ カレンダーシート

カレンダーシートには指定した年月を表示し、月曜始まりか日曜始まりかによって曜日ヘッダー（見出し）を設定します。カレンダーは罫線で囲みます。

各日の表示は左寄せ、上寄せにします。最初の行や最後の行には、曜日の関係で空白ができますが、そこには先月や次月の日を入れて埋めます。

行や列の高さや幅はA4サイズ横向きでプリンタで印刷できる程度に、高く、広く設定します。

プログラムを考える

　次にコードを考えましょう。とは言うものの紙の上に実際のコードを書くのは非効率的ですし、プロシージャーの分割は実際にコードを書き進めないと、どの程度まで分けてよいのかわかりにくいです。
　ですから、ここではまず、必要となるプロシージャーの関係性を考えましょう。関係性とは次のようなものです。

　ユーザーフォームから標準モジュールの〇〇〇（名前）プロシージャーを呼び出す。〇〇〇プロシージャーでは、何々と何々をする。

　そして（必要であれば）、〇〇〇プロシージャーからは、△△△プロシージャーを呼び出す。△△△プロシージャーでは何々と何々をする。

　そして（必要であれば）、□□□プロシージャーを呼び出す。□□□プロシージャーでは何々と何々をする。

　具体的にプロシージャーの名前とやることを考えて、プロシージャーの呼び出し関係について矢印などを使って明確にできれば十分でしょう。
　具体的なプロシージャー名を考えることは、そのプロシージャーの役割を決めることにつながります。また、Excel VBAの場合、ワークシートのセルのプロパティの設定を、ワークシート上ですることもコード上で設定することもできます。これについてはどちらでやるかを決めておくことも大切ですね。ちなみに、筆者は今回、細かい設定もコードでやることにしようと思います。

　では、考えてみましょう。

書き込み欄：プロシージャーの関係性を考えよう

プロシージャーの関係図

筆者は図 7-1 のようにプロシージャー構成と役割を考えました。

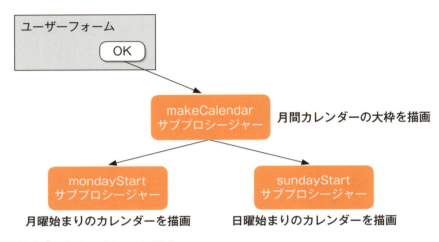

図 7-1 ┃ プロシージャーの構成

では、ユーザーフォームのコードから見ていきましょう。Initialize を含むユーザーフォームのコードを**リスト 7-2** に示します。

リスト 7-2 ┃ ユーザーフォームのコード

```
Private Sub btnOK_Click()
    Call makeCalendar(cboYear.Value, cboMonth.Value, chkMonday.Value)
End Sub

Private Sub UserForm_Activate()
    cboYear.ListIndex = 0
    cboMonth.ListIndex = 0
End Sub

Private Sub UserForm_Initialize()
    Dim i As Integer
    For i = 1 To 12
        cboMonth.AddItem i
```

```
    Next i
    For i = 2017 To 2017 + 10
        cboYear.AddItem i
    Next i
End Sub
```

　ユーザーフォームのInitializeイベントのコードは、リスト7-1で示したものです。ユーザーフォームが初期化されたとき（表示される前）に実行されるので、月と年にAddItemで選択肢を追加しています。

　その上にあるActivateイベントは、フォームがアクティブになったときに実行されます。Activateイベントでは選択リストの最初の項目を選択状態にしています。

　OKボタンがクリックされたら、標準モジュールModule1に記述したmakeCalendarサブプロシージャーを呼び出します（**リスト7-3**）。引数は年、月、月曜始まりかどうかの真偽値です。

リスト7-3 標準モジュールModule1に記述したmakeCalendarサブプロシージャー

```
Sub makeCalendar(year As Integer, month As Integer, monStart As Boolean)
    Dim sheetObj As Worksheet
    
    ' オブジェクト変数へのオブジェクトの代入はset
    Set sheetObj = ThisWorkbook.Worksheets("Sheet1")
    ' 全部クリア
    sheetObj.Range("A1:G8").Clear                              ―❶
    ' セルの高さ
    sheetObj.Range("1:8").RowHeight = 54                       ―❷
    ' セルの幅
    sheetObj.Range("A:G").ColumnWidth = 15.6                   ―❸
    sheetObj.Range("A1:D1").Font.Size = 16
    sheetObj.Range("A1").Value = year
    sheetObj.Range("A1").HorizontalAlignment = xlRight   ' Excel定数 ―❹
    sheetObj.Range("B1").Value = "年"
    sheetObj.Range("B1").HorizontalAlignment = xlLeft
    sheetObj.Range("C1").Value = month
```

```
        sheetObj.Range("C1").HorizontalAlignment = xlRight
        sheetObj.Range("D1").Value = "月"
        sheetObj.Range("D1").HorizontalAlignment = xlLeft
        '日付ヘッダー
        sheetObj.Range("A2:G2").Font.Size = 16
        sheetObj.Range("A2:G2").HorizontalAlignment = xlCenter
        'カレンダー部分
        sheetObj.Range("A3:G8").Font.Size = 16
        sheetObj.Range("A3:G8").HorizontalAlignment = xlLeft
        sheetObj.Range("A3:G8").VerticalAlignment = xlTop ─────────❺

        If monStart Then ──────────────────────────────────────────❻
            Call mondayStart(year, month)
        Else
            Call sundayStart(year, month)
        End If
End Sub
```

　makeCalendarサブプロシージャーの役割はカレンダーシートの初期化と年月ヘッダーの書き込み、カレンダー部分の書式設定です。

　❶でA1:G8までのカレンダーを書き込む部分のセル範囲をクリアしています。セル範囲(Range)の指定の仕方に注目してください。"A1:G8"はA1セルからG8セルまでの範囲を示します。❷の1:8は1～8行までの行範囲を示します。1行から8行の行の高さ(RowHeight)を54にしています。❸では逆にA:Gと列範囲を指定して列幅（ColumnWidth）を15.6に広げています。このようにRangeでは、範囲の指定が柔軟にできます。

　HorizontalAlignmentプロパティは文字の水平位置を指定します❹。xlRight（右詰め）やxlCenter（中央揃え）などの最初から定義済みの定数を使うことができます。定数については155ページをご覧ください。

　VerticalAlignmentプロパティは文字の垂直位置を指定します❺。

　ワークシート側でセルの高さや幅、文字の位置などをプロパティとして設定すれば、コードの量は減らせるのですが、今回はワークシートの「こうなっていなければいけない」という前提条件を増やさずコードで設定す

るようにしてみました。

makeCalendarサブプロシージャーの最後❻で月曜始まりが真（True）ならmondayStartサブプロシージャーを、そうでなければ日曜始まりのsundayStartサブプロシージャーを呼び出しています（**リスト 7-4**）。

リスト 7-4 | mondayStartサブプロシージャーとsundayStartサブプロシージャー

```
Private Const ROW As Integer = 3 ─────────────────────────❶

' 月曜始まり
Private Sub mondayStart(year As Integer, month As Integer)
    Dim i As Integer
    Dim sheetObj As Worksheet
    Dim weekdayStrAry As Variant ─────────────────────────❷
    weekdayStrAry = Array("月", "火", "水", "木", "金", "土", "日") ─❸
    Set sheetObj = ThisWorkbook.Worksheets("Sheet1")
    
    For i = 0 To 6
        sheetObj.Cells(2, i + 1) = weekdayStrAry(i) ──────❹
        '赤は3、青が5
        Select Case i
            Case 5
                sheetObj.Cells(2, i + 1).Font.ColorIndex = 5
            Case 6
                sheetObj.Cells(2, i + 1).Font.ColorIndex = 3
            Case Else
                sheetObj.Cells(2, i + 1).Font.ColorIndex = 0
        End Select
    Next i
    Dim firstDay As Date
    Dim lastDay As Integer
    Dim startWeekday As Integer
    Dim nowRow As Integer
    Dim nowCol As Integer
    
    'DateSerial関数は、3つの引数で指定された日付を意味するシリアル値を返す
    firstDay = DateSerial(year, month, 1) ────────────────❺
    lastDay = Day(DateSerial(year, month + 1, 1) - 1) ────❻
```

7 万年カレンダーを作ろう

```
        startWeekday = Weekday(firstDay, vbMonday) - 1 '月曜始まり ──────⑦
        For i = 1 To lastDay ──────────────────────────────────────────⑧
            nowRow = Int((startWeekday + i - 1) / 7) + ROW ────────────⑨
            nowCol = (startWeekday + i - 1) Mod 7 + 1 ─────────────────⑩
            sheetObj.Cells(nowRow, nowCol) = i
            Select Case nowCol
                Case 6
                    sheetObj.Cells(nowRow, nowCol).Font.ColorIndex = 5
                Case 7
                    sheetObj.Cells(nowRow, nowCol).Font.ColorIndex = 3
                Case Else
                    sheetObj.Cells(nowRow, nowCol).Font.ColorIndex = 0
            End Select
        Next i

        Call makeCalendarSub(startWeekday, Day(firstDay - 1), nowRow, nowCol)


End Sub
' 日曜始まり
Private Sub sundayStart(year As Integer, month As Integer)
    Dim i As Integer
    Dim sheetObj As Worksheet
    Dim weekdayStrAry As Variant
    weekdayStrAry = Array("日", "月", "火", "水", "木", "金", "土") ──⑪
    Set sheetObj = ThisWorkbook.Worksheets("Sheet1")

    For i = 0 To 6
        sheetObj.Cells(2, i + 1) = weekdayStrAry(i)
        Select Case i ────────────────────────────────────────────────⑫
            Case 0
                sheetObj.Cells(2, i + 1).Font.ColorIndex = 3
            Case 6
                sheetObj.Cells(2, i + 1).Font.ColorIndex = 5
            Case Else
                sheetObj.Cells(2, i + 1).Font.ColorIndex = 0
        End Select
    Next i

    Dim firstDay As Date
```

```vba
    Dim lastDay As Integer
    Dim startWeekday As Integer
    Dim nowRow As Integer
    Dim nowCol As Integer
    
    firstDay = DateSerial(year, month, 1)
    lastDay = Day(DateSerial(year, month + 1, 1) - 1)
    startWeekday = Weekday(firstDay, vbSunday) - 1 '日曜始まり         ──⓭
    For i = 1 To lastDay
        nowRow = Int((startWeekday + i - 1) / 7) + ROW
        nowCol = (startWeekday + i - 1) Mod 7 + 1
        sheetObj.Cells(nowRow, nowCol) = i
        Select Case nowCol                                          ──⓮
            Case 1
                sheetObj.Cells(nowRow, nowCol).Font.ColorIndex = 3
            Case 7
                sheetObj.Cells(nowRow, nowCol).Font.ColorIndex = 5
            Case Else
                sheetObj.Cells(nowRow, nowCol).Font.ColorIndex = 0
        End Select
    Next i
    
    Call makeCalendarSub(startWeekday, Day(firstDay - 1), nowRow, nowCol)
End Sub
```

　ROWの定数宣言❶は、Module1の先頭に記述しています。ROWは3です。さて、月曜始まりと日曜始まりのカレンダーを描画するサブプロシージャーをそれぞれ用意しましたが、書き方によっては1つのサブプロシージャーで、月曜始まりと日曜始まりのカレンダーを描画することも可能だと思います。別のサブプロシージャーに分けたのは、1つにまとめると間違いやすいな、バグを残してしまいそうだな、と感じたからです。バグとは、第3章で説明したように、プログラムの欠陥のことです。

　では、mondayStartサブプロシージャーから見ていきましょう。曜日の配列を簡単に作成するためにweekdayStrAryをVariant（バリアント）型で宣言しています❷。Variant型とはどんな値でも入れることができる

データ型です。そして、Array関数が返す配列を代入しています❸。その曜日配列をカレンダーの曜日部分にセットするコードが❹です。Font.ColorIndexプロパティで文字色を設定します。

曜日文字列をセットするところまで実行したのが、下の図です。

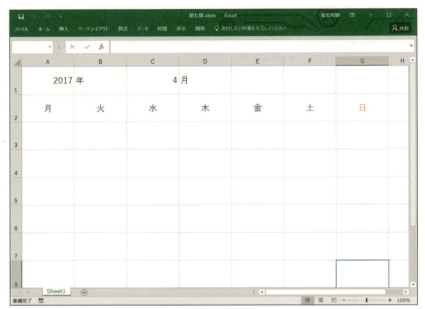

画像 7-5 ▎曜日文字列をセットした

　次にカレンダーに日を入れていきます。重要なのは、月の最初の日の曜日を求めることと月末日の日を求めることです。

　変数firstDayに開始日を入れます❺。DateSerial関数は引数に指定した年、月、日に対応する日付を返します。lastDayにはDay(DateSerial(year, month + 1, 1) - 1)で次月の1日 - 1、つまり今月の月末日の日を入れます❻。

　次はWeekday関数です。Weekday関数はWeekday(date,[firstdayofweek])のように曜日を調べたい日付dateと週の第1日目とする曜日firstdayofweekを指定することができます❼。firstdayofweekは省略可

能で、省略可能した場合は日曜を1とする数値を返します。

　ここではvbMondayを指定しているので、月曜を1、火曜を2、……日曜を7とする数値を返します。この戻り値から、カレンダーの行列を求めやすいように1を引いた値を変数startWeekdayに入れます。

　そして、For i = 1 To lastDayのループで1日から月の最後の日までをカレンダーに入れていきます❽。たとえば、2017年4月1日の曜日は土曜なのでWeekday(firstDay, vbMonday)は6を返します。これから1を引いた5がstartWeekdayの値です。そして、nowRowを求めます❾。最初、Int((startWeekday + i - 1) / 7) + ROWはInt((5 + 1 - 1) / 7) + 3なので、nowRowは3になります。Int関数は指定した数値より小さい最大の整数を返します。nowColは最初、(5 + 1 - 1) Mod 7 + 1なので6になります。Mod関数は余りを返します。

　だから、1は3行目、6列目に入ります。これを繰り返し、土日には色を付けるところまで進めると次のようになります。

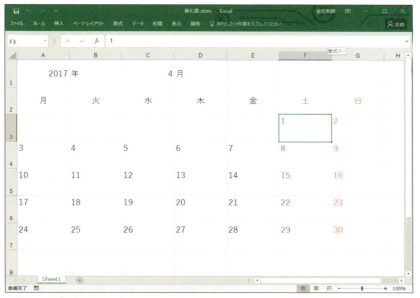

画像 7-6 ▌ 今月の日をセットした

次に呼び出しているmakeCalendarSubサブプロシージャーの説明は後回しにして、日曜始まりのsundayStartサブプロシージャーとの違いを見ていきましょう。

　まず、weekdayStrAry配列の曜日文字列の並び順が違います⓫。そして、Select Case文で曜日文字列のFont.ColorIndexを指定する部分のiの値が違います⓬。

　Weekday関数では、firstdayofweekにvbSundayを指定しています⓭。これで日曜が1、月曜が2、……となるのですね。また、当然ですが、曜日にFont.ColorIndexを指定する部分も違います⓮。

　筆者は混乱を避けるために別のプロシージャーとしましたが、違いはこの4箇所だけなので、1つのサブプロシージャーにまとめて、if文で月曜始まりか日曜始まりかの分岐をしてもよいでしょう。

　では、先ほど後回しにしたmakeCalendarSubサブプロシージャーを見ていきます（**リスト 7-5**）。

リスト 7-5 ▎makeCalendarSubサブプロシージャー

```
Private Sub makeCalendarSub(startWeekday As Integer, prevMonEndDay As
 Integer, lastRow As Integer, lastCol As Integer)
    Dim sheetObj As Worksheet
    Dim wDay As Integer
    Set sheetObj = ThisWorkbook.Worksheets("Sheet1")
    
    wDay = prevMonEndDay
    For i = startWeekday To 1 Step -1 ─────────────────❶
        sheetObj.Cells(ROW, i) = wDay
        sheetObj.Cells(ROW, i).Font.ColorIndex = 48
        wDay = wDay - 1
    Next i
    '次月の処理
    wDay = 1
    For i = lastCol + 1 To 7 ─────────────────────────❷
        sheetObj.Cells(lastRow, i) = wDay
        sheetObj.Cells(lastRow, i).Font.ColorIndex = 48
```

```
        wDay = wDay + 1

    Next i

    ' 罫線を引く
    sheetObj.Range(Cells(2, 1), Cells(lastRow, 7)).Borders.LineStyle =
xlContinuous ──────────────────────────────────── ❸

End Sub
```

　現状ではカレンダーを描画する月の最初の日の曜日と最後の日の曜日によって、最初の行か最後の行に空白欄ができてしまいます。もったいないので、先月と次月の日付も書き込むようにしましょう。

　その処理がmakeCalendarSubサブプロシージャです。makeCalendarSubサブプロシージャは引数を4つ受け取ります。startWeekdayはその月の1日の曜日番号ですが、すでに1を引いた値なので、startWeekdayから左側に向かって、先月の日付を入れていけばよいでしょう。その処理が❶のForループですが、Step -1でiの値を小さくしていっています。引数prevMonEndDayにはDay(firstDay - 1)、つまり先月の最後の日が渡されます。月の最終日は31だったり30だったり、2月に至っては28や29だったりするからですね。Font.ColorIndexに48を代入しているので先月の日付はグレーで表示されます。

　次月の処理はより簡単です❷。次月は必ず1日から始まるからです。lastRow、lastColには、今月の最後の日を入れた行の番号、列の番号が渡されますので、lastCol + 1から行の最後まで日を入れていきます。

　最後に、カレンダーに日を入れたセル範囲を指定して罫線を引いています。罫線はBorderオブジェクトのLineStyleプロパティで設定します。xlContinuousは実線を示す定数です❸。

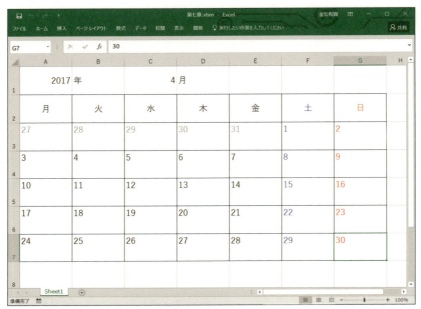

画像7-7 先月の日付と罫線が入った

　これで見やすいカレンダーになりました。ただ、月曜始まりと日曜始まりのサブプロシージャーで、先月、次月の日付を入れる処理を1つのサブプロシージャーに共通化できるとは設計時点では気がついていませんでした。図7-1のように、その部分も別々に書けばよいだろうと思っていました。実際にコードを書いてはじめて共通化できることに気がつきました。このように、コードを書くことで機能や画面の仕様を決めるときには考えが及ばなかった点がわかったりします。

　また、コードを書いて慣れることで、機能や画面の仕様を決めやすくなったりもします。今回の例でいえば、コンボボックスのStyleプロパティにおける入力兼用（fmStyleDropDownCombo）と選択専用（fmStyleDropDownList）を知っていることで、その違いを考慮したユーザーフォームの仕様策定が可能になります。

最後に

　このようにプログラミングでは、経験があれば設計の段階でどのようなコードになるか見渡せる部分もあれば、実際にコードを書いた段階で、こんなふうに書けるなと気づく部分もあります。そうした「自分で」考えて得られた「気づき」が、プログラミングの楽しさの一つなのかも知れません。

　さて、万年カレンダープログラムですが、祝祭日も赤色で入れた方が良いですね。ぜひ、ご自分でチャレンジしてみてください。

最後までお読みいただき、ありがとうございました。
本当に楽しいのはこれからです。

定数について

　いくつかの章で定数について説明しました。いろいろな定数があるので最後にまとめておきます。
　Excel VBAの定数には、「ユーザー定義定数」と「組み込み定数」があります。ユーザー定義定数とは、みなさんがConstステートメントを使って定義する定数です。
　組み込み定数はExcel VBAに既に定義されている定数です。組み込み定数にはxlで始まるExcel定数とvbで始まるVisual Basic定数があります。

よく使うデータ型の一覧

データ型		記憶領域のサイズ	値の範囲
Byte	バイト型	1バイト	0～255
Boolean	ブール型	2バイト	真（True）または偽（False）
Integer	整数型	2バイト	-32,768～32,767
Long	長整数型	4バイト	-2,147,483,648～2,147,483,647
Single	単精度浮動小数点数型	4バイト	3.402823E38～-1.401298E-45（負の値）
			1.401298E-45～3.402823E38（正の値）
Double	倍精度浮動小数点数型	8バイト	-1.7976931348623E308～-4.94065645841247E-324（負の値）
			4.94065645841247E-324～1.79769313486232E308（正の値）
Currency	通貨型	8バイト	-922,337,203,685,477.5808～922,337,203,685,477.5807
Date	日付型	8バイト	西暦100年1月1日～西暦9999年12月31日
String	文字列型（可変長）	10バイト＋文字列の長さ	0～2GB
Variant	バリアント型（数値の場合）	16バイト	倍精度浮動小数点数型の範囲と同じ
Variant	バリアント型（文字列の場合）	22バイト＋文字列の長さ	可変長の文字列型の範囲と同じ

よく使う演算子の一覧

代入演算子	意味	使用例	aの値
=	右辺の値を左辺に代入	a=1	1

文字列連結演算子	意味	使用例	aの値
&	文字列をつなぐ	a = "ボール" & "ペン"	ボールペン

備考：＆の読みはアンパサンド

算術演算子	意味	使用例	aの値
+	足し算	a=1+2	3
－	引き算	a=2-1	1
*	掛け算	a=3*2	6
/	割り算	a=6/2	3
^	べき乗	a=3^2	9
\	商	a=5\2	2
Mod	余り	a=5 Mod 2	1

備考：*の読みはアスタリスク、/の読みはスラッシュ、^の読みはキャレット

比較演算子	意味
=	左辺と右辺が等しい
<>	左辺と右辺が等しくない
<	左辺が右辺より小さい
<=	左辺が右辺以下
>	左辺が右辺より大きい
>=	左辺が右辺以上

論理演算子	意味	使用例
And	かつ	a>1 And a<10
Or	または	a=3 Or a=6
Not	ではない	Not a=2

よく使うワークシート関数の一覧

関数名	内容
SUM	合計
AVERAGE	平均
MAX	最大値
MIN	最小値
ROUND	四捨五入
RAND	乱数
RANK	数値の序列

よく使うVBA関数の一覧

関数名	内容
Abs	絶対値
Date	日付
DateAdd	日付の加算
DateDiff	2つの日付の差
Timer	午前0時から経過した秒数
Format	式の書式化
Len	文字列の長さ
Left	文字列の抽出（左端から）
Mid	文字列の抽出（指定した位置から）
Right	文字列の抽出（右端から）
Int	整数部分を抽出（負の場合は、値を超えない最大の負の整数）
Round	四捨五入（銀行型丸め）
Randomize	乱数系列の初期化
Rnd	乱数
Error	エラー番号に対応するエラーメッセージ
MsgBox	ダイアログボックスにメッセージを表示
DoEvents	OSにイベントの処理を依頼

備考：銀行型丸めは、端数が0.5のとき、結果が偶数となる方にする丸め方
（例：0.5 → 0、1.5 → 2、2.5 → 2、3.5 → 4）

著者プロフィール

金宏和實(かねひろ かずみ)

1961年生まれ、富山県高岡市出身で在住。
関西学院大学卒、第1種情報処理技術者、株式会社イーザー。
アプリケーション開発とライター活動をしている。
プログラミングを始めて33年経った現在は、
プログラミングの楽しさを伝えることをテーマとしている。
NPO法人NATで小・中学生を相手にレゴマインドストームの
プログラミングを教えたりもしている。

主な著書は
『はじめてのAndroidアプリ作成』(基本プログラミング)日経BP社、
『はじめてのAndroidアプリ作成』(センサー活用とクラウド連携)日経BP社、
『作ればわかるAndroidプログラミング』翔泳社、
『ベテランが丁寧に教えてくれるデータベースの知識と実務』翔泳社など。
Twitterは@kanehiro

■ 作例のダウンロードについて

本書の作例（マクロ有効ブック）およびリストのテキストファイル（ソースコード）は、本書のウェブページからダウンロード可能です。以下のウェブページにアクセスしてアーカイブファイルをダウンロードしてください。

http://ec.nikkeibp.co.jp/item/books/B35900.html

カバー・本文デザイン●石田昌治（株式会社マップス）
DTP●株式会社マップス

エクセルだけで手軽に楽しむ
プログラミング超入門

2017年5月1日　第1版第1刷発行

著　　者　金宏 和實
発 行 者　村上 広樹
編　　集　田島 篤
発　　行　日経BP社
発　　売　日経BPマーケティング
　　　　　〒108-8646　東京都港区白金1-17-3
　　　　　NBFプラチナタワー
印刷・製本　株式会社シナノ

©2017 Kazumi Kanehiro　Printed in Japan
ISBN978-4-8222-5326-4

・本書の無断複写・複製（コピー等）は著作権法上の例外を除き、禁じられています。
・購入者以外の第三者による電子データ化および電子書籍化は、私的使用を含め一切認められておりません。
・本文中に記載のある社名および製品名は、それぞれの会社の登録商標または商標です。
・本文中では®および™を明記しておりません。